Anton Čechov

Il gabbiano

(1896)

versione filologica per il teatro
a cura di Bruno Osimo

Titolo originale dell'opera: Чайка
Traduzione dal russo di Roberta Ranieri e Bruno Osimo

Bruno Osimo è un autore/traduttore che si autopubblica
La stampa è realizzata come print on sale da Kindle Direct Publishing
ISBN 9788831462617 per l'edizione paperback
ISBN 9788831462624 per l'edizione elettronica
Contatti dell'autore-editore-traduttore: osimo@trad.it

Traslitterazione

La traslitterazione del russo è fatta in base alla norma ISO 9:
â si pronuncia come 'ia' in 'fiato' /ja/
c si pronuncia come 'z' in 'zozzo' /ts/
č si pronuncia come 'c' in 'cena' /tɕ/
e si pronuncia come 'ie' in 'fieno' /je/
ë si pronuncia come 'io' in 'chiodo' /jo/
è si pronuncia come 'e' in 'lercio' /e/
h si pronuncia come 'c' nel toscano 'laconico' /x/
š si pronuncia come 'sc' in 'scemo' /ʂ/
ŝ si pronuncia come 'sc' in 'esci' /ɕ:/
û si pronuncia come 'iu' in 'fiuto' /ju/
z si pronuncia come 's' in 'rosa' /z/
ž si pronuncia come 's' in 'pleasure' /ʐ/

Sommario

Nota alla traduzione

Quando si traduce si fanno necessariamente delle scelte, perché non si può tradurre tutto in modo ottimale. Nel caso specifico, quando il testo della traduzione è destinato alla recitazione, tutte le battute devono avere come dominante la recitabilità, la pronunciabilità, la plausibilità della frase. Sono considerazioni che fa in primo luogo l'autore, e che il traduttore deve fare proprie.

Fermo restando che un testo del 1896 non ha di solito lo stesso registro e lo stesso lessico di un testo del 2022, le frasi devono suonare verosimili in bocca a chi le pronuncia.

Questa è stata la nostra preoccupazione principale traducendo il capolavoro di

Čechov.

L'altra dominante è stata il rigore filologico. Quando si traduce un gigante, non solo letterario ma anche filosofico e umano, bisogna mettere da parte – se necessario: con Čechov a noi è successo molto di rado – il proprio gusto personale e lasciar emergere quanto possibile la poetica dell'originale.

La tragedia (non si capisce perché l'autore la definisca «commedia») ruota intorno alla figura di una donna affetta da disturbo istrionico della personalità, Arkàdina. Come è tipico delle persone così, è molto egoriferita e le importa assai poco di chi le sta intorno. Figlio, amante, fattore, servitù, amici di famiglia vanno bene purché la adorino come fa il suo pubblico (è attrice) e non infrangano il suo delirio di autoadorazione.

Ne fa le spese in primo luogo il figlio, Treplëv, che pur di apparire interessante agli occhi della madre scende nel terreno di lei – il teatro – e scrive un dramma che mette in scena nel giardino di casa, ma non riesce a sopportare la reazione maleducata e irrispettosa della madre stessa durante la rappresentazione e interrompe la rappresentazione.

Si noti che il figlio decide di farsi drammaturgo per motivi esclusivamente edipici, perché capisce che sarebbe l'unico modo per attirare l'attenzione della madre. E questo corteggiamento infausto continua per tutta la durata dell'opera.

L'inutilità della vita e l'insensatezza e la stupidità della morte sembrano simboleggiate dal gabbiano che Treplëv uccide senza motivo e depone ai piedi della sua amata Nina, l'attrice che gli fa da complice e collaboratrice nella recitazione del dramma iniziale. Ma nemmeno Nina riesce a capire cosa significa il cadavere del gabbiano steso ai suoi piedi, si sente imbarazzata per non capirlo e nel contempo le sembra che questo giovane viziato si prenda un po' troppe libertà sottoponendola quasi a un test in cui le chiede di capire il senso simbolico del gabbiano morto.

Nina andrà avanti fino alla fine a dire come un disco rotto «Io sono un gabbiano», senza rendersi conto che in realtà il gabbiano è Treplëv, perché è bello ma improduttivo, simbolico ma inconsistente, leggiadro ma infelice. E, in fondo, della sua morte non importa nulla a nessuno.

Il pubblico di Čechov soffre per come Arkàdina riesca a godersi la vita a dispetto di tutti i drammi – in parte causati da lei – che le strisciano attorno, soffre per come Nina si rovini la vita innamorandosi dello scrittore vecchio e famoso che la "usa" e la "getta", rifiutando caparbiamente l'amore sincero e innocuamente morboso dell'aspirante drammaturgo che ha più o meno la sua età.

Un altro motivo esistenziale ed etico che pervade la tragedia è quello della fortuna letteraria. Trigórin è uno scrittore di successo. Scrivere gli riesce facile. Ma in fondo è la versione maschile della sua amante Arkàdina: anche lui ha a cuore solo la propria fama letteraria, va sempre in giro col taccuino per prendere appunti, e le sue mosse, i suoi spostamenti sono sempre dettati da impegni di lavoro.

Una persona così – che scrive racconti e romanzi talmente diffusi – sembrerebbe mossa da ideali elevatissimi, e invece quali sono le sue due massime aspirazioni nel tempo libero? Pescare e – quando possibile – avere storie con donne giovani.

In Čechov c'è sempre questo contrasto tra apparenze elevate e basso cabotaggio delle aspirazioni effettive. C'è sempre qualcuno che canticchia motivetti stupidi, qualcuno che fa battute idiote, qualcuno che gioca a tombola mentre qualcun altro si suicida, qualcuno che vorrebbe pescare un persico o un'acerina – non pesci qualsiasi, insomma – invece di scrivere il prossimo romanzo di successo. «Se vivessi in una tenuta del genere, in riva al lago, mi metterei forse a scrivere? Combatterei questa mia passione e non farei altro che pescare».

Scrivere quindi è una passione che è possibile (forse addirittura preferibile?) vincere – a vantaggio della pésca. Mentre Freud pensava che l'arte fosse una sublimazione delle pulsioni aggressive e sessuali, Čechov va oltre, teorizzando che anche l'arte sia una passione che potremmo tranquillamente reprimere, una sorta di innamoramento narcisistico che va superato.

Per quale motivo dovrebbe dare così tanta soddisfazione pescare un'acerina (*Gymnocephalus cernuus*)? Un pesce che la maggior parte di noi prima del *Gabbiano* non sapeva nemmeno che esistesse? Un pesce poco commestibile, non prelibato? Forse Čechov vuole farci capire che l'uomo ha passioni assurde che non servono al sostentamento e darwinianamente non hanno senso? Non so rispondere a questa domanda. Ma non vedo nemmeno perché uno dovrebbe tradurre la parola russa *ёrš* col nome di un pesce più noto in Italia, che ne so, un luccio o una carpa, come hanno fatto versioni precedenti, privando il lettore italofono della possibilità di indagare su questo mistero cechoviano dell'esistenza.

Buona lettura!

Milano, 23 gennaio 2022

Il gabbiano

COMMEDIA IN QUATTRO ATTI

PERSONAGGI

Irìna Nikolàevna Arkàdina, vedova di Treplëv, attrice.

Konstantìn Gavrìlovič (Kóstâ) Treplëv, figlio di Irina, un giovane.

Pëtr Nikolàevič Sórin, fratello di Irina.

Nina Mihàjlovna Zaréčnaâ, una giovane, figlia di un ricco possidente.

Il'â Afanàs'evič Šamràev, poručik[1] in congedo, amministratore di casa Sórin.

Polìna Andréevna, moglie di Il'â.

Maša (Màr'â Il'ìnična), figlia di Il'â.

Borìs Alekséeevič Trigórin, scrittore.

Evgénij Sergéevič Dorn, medico.

Semën Semënovič Medvedénko, maestro.

Âkov, garzone.

Un cuoco.

Una cameriera.

La vicenda si svolge nella tenuta di Sórin. Tra gli atti terzo e quarto passano due anni.

---

[1]Grado militare dell'esercito zarista equivalente al moderno tenente.

ATTO PRIMO

Una parte del parco nella proprietà di Sórin. L'ampio viale alberato che convoglia lo sguardo degli spettatori verso il profondo del parco, in direzione del lago, è sbarrato da un palco allestito alla bell'e meglio per uno spettacolino domestico, sicché il lago non si vede affatto. Cespugli contornano il palco a destra e a sinistra. Qualche sedia, un tavolino.

Il sole è appena tramontato. Sul palco, dietro il sipario abbassato, Âkov e altri operai; si sente tossire e battere. Maša e Medvedénko camminano da sinistra, tornando da una passeggiata.

MEDVEDÉNKO. Come mai siete sempre vestita di nero?

MAŠA. È il lutto per la mia vita. Sono infelice.

MEDVEDÉNKO. Come mai? *(Sovrappensiero.)* Non vedo perché... Siete sana, vostro padre non è ricco, ma non vi fa mancare nulla. La vita è ben più dura per me che per voi. Prendo soltanto ventitré rubli al mese, e perdipiù ho le trattenute per la pensione, e nonostante questo non porto il lutto. *(Si siedono.)*

MAŠA. I soldi non sono tutto. Anche un povero può essere felice.

MEDVEDÉNKO. In teoria, ma in pratica ne esce che: siamo io, e la mamma, e due sorelle e un fratellino, e lo stipendio è solo di ventitré rubli. Bisognerà pur mangiare e bere, no? Si avrà pur bisogno di tè e zucchero, no? E di tabacco? Bisogna ingegnarsi.

MAŠA. (*Voltandosi verso il palco.*) Tra poco inizia lo spettacolo.

MEDVEDÉNKO. Sì. Recita la Zaréčnaâ, e la pièce è di Konstantìn Gavrìlovič. Sono innamorati uno dell'altra, e oggi le loro anime si uniscono nello sforzo di dare una stessa immagine artistica. Mentre la mia anima e la vostra non hanno alcun punto di contatto. Io vi amo, al pensiero di starmene a casa e non vedervi impazzisco, e ogni giorno cammino sei verste per venir qui e sei per tornare e non trovo altro che indifferenza da parte vostra. È comprensibile. Non ho mezzi, ho una famiglia numerosa... Chi mai avrebbe voglia di prendersi un uomo che non ha da mangiare nemmeno per sé stesso?

MAŠA. Sciocchezze. (*Fiuta tabacco.*) Il vostro amore mi commuove, solo non posso ricambiarlo, ecco tutto. (*Gli porge la tabacchiera.*) Favorite.

MEDVEDÉNKO. Non ne ho voglia.

Pausa

MAŠA. È soffocante, stanotte ci sarà un temporale. Voi non fate altro che filosofare o parlare di soldi. Secondo voi non esiste sciagura più grande della povertà, invece secondo me è mille volte più facile andare in giro vestita di stracci a chieder l'elemosina che... Tanto, non potete capirlo...

Entrano da destra Sórin e Treplëv.

SÓRIN. *(Appoggiandosi al bastone.)* Vedi, fratello, la campagna non è cosa mia e, poco ma sicuro, non mi ci abituerò mai. Ieri sono andato a letto alle dieci e stamattina mi sono svegliato alle nove con la sensazione che il cervello mi si fosse appiccicato al cranio per il troppo dormire e tutto quanto. *(Ride.)* E dopo pranzo sono crollato di nuovo senza nemmeno rendermene conto e ora sono distrutto, è un incubo, in fin dei conti...

TREPLËV. È vero, dovresti vivere in città. *(Vede Maša e Medvedénko.)* Signori, quando comincia verrete chiamati, ma adesso non potete stare qua. Vi prego di allontanarvi.

SÓRIN. *(A Maša.)* Màr'â Il'ìnična, siate gentile, chiedete a vostro padre di slegare il cane, sennò guaisce. Mia sorella anche stanotte non ha chiuso occhio.

MAŠA. Parlate voi con mio padre, io non intendo farlo. Non mi chiedete questo, per favore. *(A Medvedénko.)* Andiamo!

MEDVEDÉNKO. *(A Treplëv.)* Allora mandateci a chiamare prima dell'inizio.

Si allontanano.

SÓRIN. E così il cane si rimetterà a guaire tutta la notte. Il fatto è questo, non c'è stato giorno in campagna che ho vissuto come volevo. Magari capitava che ti prendevi un permesso di ventotto giorni e venivi qui per riposare e tutto, e invece ti assalivano con ogni sorta di idiozie e dopo il primo giorno ti veniva già voglia di svignartela. *(Ride.)* È sempre stata una liberazione andarmene di qui... Ebbene, adesso che sono in pensione, non ho altro posto dove andare, in fin dei conti. Volente o nolente, così è...

ÂKOV *(A Treplëv.)* Noi, Konstantìn Gavrìlyč, andiamo a fare il bagno.

TREPLËV. Va bene, basta che tra dieci minuti siate qui. *(Guarda l'orologio.)* Fra poco si comincia.

ÂKOV. Sissignore. *(Esce.)*

TREPLËV. *(Guardando il palco.)* Eccolo là il teatro. Sipario, prima coulisse, seconda coulisse e al di là del palcoscenico il vuoto. Nessuna scenografia. La vista si apre direttamente sul lago e sull'orizzonte. Alziamo il sipario esattamente alle otto e mezza, al levarsi della luna.

SÓRIN. Magnifico.

TREPLËV. Se la Zaréčnaâ ritarda, tutto l'effetto andrà perduto. Dovrebbe già esser qui. Il padre e la matrigna le stanno sempre addosso, e scappare di casa per lei è difficile come evadere da una prigione. *(Accomoda la cravatta allo zio.)* Hai barba e capelli tutti arruffati. C'è bisogno di una bella spuntatina qui...

SÓRIN. *(Sistemandosi la barba.)* È la

tragedia della mia vita. Anche da giovane avevo questo aspetto da ubriacone e tutto. Le donne non mi hanno mai amato. *(Si siede.)* Come mai mia sorella è di cattivo umore?

TREPLËV. Come mai? Si annoia. *(Sedendoglisi accanto.)* È gelosa. Non le va bene nulla di ciò che faccio, disapprova lo spettacolo, le mie opere, perché stavolta al centro dell'attenzione non sarà lei, ma la Zaréčnaâ. Nemmeno conosce la mia pièce e già la detesta.

SÓRIN. *(Ride.)* Te ne inventi delle belle, sul serio...

TREPLËV. Già le dà fastidio che su questo piccolo palco sarà la Zaréčnaâ ad ottenere successo, non lei. *(Guarda l'orologio.)* È una rarità psicologica, mia madre. Talento ne ha da vendere, è intelligente, capace di singhiozzare su un qualsiasi volumetto, di impararsi a memoria tutto Nekràsov, di prendersi cura dei malati come farebbe un angelo; ma prova un po' a lodare la Duse davanti a lei. Oh-oh! Solo lei bisogna lodare e acclamare, solo di lei si deve scrivere, solo per la sua interpretazione in «Dame aux camélias» o in «Čad žizni»[2] si deve andare in estasi. Ma siccome qui, in campagna, questa

---

[2] Dramma di Boleslav Mihajlovič Markevič (1822-1884).

droga non c'è, lei si annoia, si incattivisce e noi tutti siamo nemici, siamo colpevoli. E poi è superstiziosa, ha paura delle tre candele, del numero tredici. È avara. A Odessa ha settantamila rubli in banca, lo so per certo. Ma valle a chiedere un prestito, si mette a piangere.

SÓRIN. Oramai ti sei messo in testa che la tua pièce non le piacerà e sei tutto agitato. Sta' calmo, tua madre stravede per te.

TREPLËV. *(Strappando i petali di un fiore.)* M'ama, non m'ama, m'ama, non m'ama, m'ama, non m'ama. *(Ride.)* Vedi, mia madre non mi ama. Puoi scommetterci! Lei vuole vivere, amare, indossare camicette chiare, mentre io ho già venticinque anni e sto sempre lì a ricordarle che non è più una ragazzina. Con gli altri ha solo trentadue anni, con me ne ha quarantatré, e per questo mi odia. Sa anche che io non approvo il teatro. Lei il teatro lo ama, si sente al servizio dell'umanità, la sacra arte, per me invece il teatro di oggi non è altro che routine, pregiudizi. Quando si alza il sipario e sotto l'illuminazione della sera, in una camera a tre pareti, questi talenti eccelsi, sacerdoti della sacra arte, raffigurano persone che mangiano, bevono, amano, camminano, indossano le loro giacche; quando da scene e frasi volgari si sforzano di tirar fuori una morale — una morale misera, banale, utile nella routine domestica; quando mi ripropongono, in mille versioni, sempre la stessa cosa, la stessa cosa, la stessa cosa, lì io alzo i tacchi e corro via, corro via come Maupassant dalla Torre Eiffel che, volgare com'era, gli dava sui nervi.

SÓRIN. Non si può stare senza teatro.

TREPLËV. Ci vogliono forme nuove. Forme nuove ci vogliono, ma se non ce ne sono, allora meglio che non ci sia proprio niente. *(Guarda l'orologio.)* Io voglio bene a mia madre, le voglio bene oltremisura; ma lei conduce una vita sconclusionata, sempre con questo suo bellettrista al séguito, costantemente sulle pagine dei giornali, e questo mi avvilisce. A volte è solo l'egoismo di un comune mortale a parlare al posto mio; a volte vorrei che mia madre non fosse un'attrice famosa, e credo che se fosse una donna comune sarei più felice. Zio, non c'è situazione più disperata e stupida della mia: lei invita tutti ospiti importanti, celebrità, artisti e scrittori, e in mezzo a loro l'unica nullità sono io, e mi tollerano solo perché sono suo figlio. Chi sono? Cosa sono? Ho lasciato l'università al terzo anno per circostanze, diciamo così, indipendenti dalla redazione, non ho talento, non ho un soldo, ma sul passaporto si legge: piccoloborghese di Kiev. Mio padre, dopotutto, era un piccoloborghese di Kiev, sebbene fosse anche lui un attore famoso. E così, quando nel salotto di casa tutti quegli artisti e scrittori mi hanno degnato della loro magnanima attenzione, a me è sembrato che con i loro sguardi giudicanti misurassero la mia insignificanza; ho intuìto i loro pensieri e ho sofferto per l'umiliazione...

SÓRIN. A proposito, mi diresti che tipo è questo suo bellettrista? È difficile da comprendere. Se ne sta sempre in silenzio.

TREPLËV. È un uomo intelligente, semplice, un po', come dire, melanconico. Molto perbene. Non ha ancora quarant'anni, è già stufo di essere famoso e ha la pancia piena. Quanto a ciò che scrive... cosa dirti? È piacevole, il talento si vede... ma... dopo Tolstój o Zola non ti vien certo voglia di leggere Trigórin.

SÓRIN. Io invece, fratello, amo i letterati. Un tempo, due cose desideravo ardentemente: sposarmi e diventare un letterato, ma ho fallito sia in una, che nell'altra. Ebbene sì. Essere un letterato mediocre non è male, in fin dei conti.

TREPLËV. *(Si mette in ascolto.)* Sento dei passi... *(Abbraccia lo zio.)* Senza di lei non posso vivere... Anche il suono dei suoi passi è meraviglioso... Sono felice alla follia. *(Si mette a correre verso Nina Zaréčnaâ, che entra.)* Mia incantatrice, mio sogno...

NINA. *(Emozionata.)* Non sono in ritardo... No che non sono in ritardo...

TREPLËV. *(Baciandole le mani.)* No, no, no...

NINA. È tutto il giorno che sono agitata, ho avuto tanta paura! Temevo che mio padre non mi lasciasse venire... Ma è appena uscito con la mia matrigna. Il cielo è rosso, inizia già a vedersi la luna, sapessi quanto, quanto veloce l'ho spinto al galoppo. *(Ride.)* Ma ora sono contenta. *(Stringe forte la mano a Sórin.)*

SÓRIN. *(Ride.)* Quegli occhietti li vedo rossi di pianto... Eh, eh! Non va bene!

NINA. È che... Vedete, mi manca il respiro. Fra mezz'ora devo andarmene, bisogna fare presto. Non posso, non posso, per l'amor di Dio, non mi trattenete. Mio padre non sa che sono qui.

TREPLËV. In verità, è già ora di iniziare. Bisogna andare a chiamare gli altri.

SÓRIN. E va bene, vado a chiamarli io. Subito. *(Va verso destra e canta.)* «In Francia due granatieri...» *(Si guarda attorno.)* Una volta mi sono messo a cantare così e un collega del procuratore mi dice: «Voi, vostra eccellenza, avete una voce possente...» Poi ci ha pensato un attimo su e ha aggiunto: «Ma... schifosa». *(Ride ed esce.)*

NINA. Mio padre e sua moglie non mi lasciano venire qui. Dicono che qui c'è la bohème... Hanno paura che mi metta a fare l'attrice... Ma non posso fare a meno di venire qui, al lago, come il gabbiano... Il mio cuore è ricolmo di voi. *(Si guarda attorno.)*

TREPLËV. Siamo soli.

NINA. Mi pare che lì ci sia qualcuno...

TREPLËV. Non c'è nessuno.

Bacio.

NINA. Che albero è questo?

TREPLËV. Un olmo.

NINA. Come mai è così scuro?

TREPLËV. È sera, tutto diventa scuro. Restate un po' più a lungo, vi scongiuro.

NINA. Impossibile.

TREPLËV. Se invece venissi io da voi, Nina? Me ne sto tutta la notte in giardino a fissare la vostra finestra.

NINA. Impossibile, il guardiano vi vedrebbe. E poi Trésor ancora non riconosce il vostro odore, abbaierebbe.

TREPLËV. Vi amo.

NINA. Sst...

TREPLËV. *(Avendo sentito dei passi.)* Chi va là? Siete voi, Àkov?

ÂKOV *(Da dietro al palco.)* Proprio io.

TREPLËV. Andate ai vostri posti. È ora. La luna sta sorgendo?

ÂKOV. Proprio così.

TREPLËV. L'alcol c'è? Lo zolfo c'è? Quando appariranno gli occhi rossi si dovrà sentire odore di zolfo. *(A Nina.)* Andate, è tutto pronto. Siete agitata?..

NINA. Sì, molto. Non è per vostra madre… non è lei che mi preoccupa... È per Trigórin... il pensiero di recitare davanti

a lui mi fa arrossire di vergogna e mi
paralizza... Uno scrittore così famoso... Ma
è giovane?

TREPLËV. Sì.

NINA. I suoi racconti sono meravigliosi!

TREPLËV. (*Con fare distaccato.*) Non
saprei, non li ho letti.

NINA. È difficile recitare la vostra pièce.
Non ci sono personaggi vivi.

TREPLËV. Personaggi vivi! La vita si
deve rappresentare non com'è, non come
dovrebbe essere, ma come ce la figuriamo
nei sogni.

NINA. La vostra pièce è tutta un
declamare, azione quasi non ce n'è. E in
una pièce, per come la vedo io, non deve
assolutamente mancare l'amore...

Scompaiono entrambi dietro al palcoscenico.

Entrano in scena Polìna Andréevna e Dorn.

POLÌNA ANDRÉEVNA. Si sta facendo
umido. Andate a mettervi le calosce.

DORN. Ho caldo.

POLÌNA ANDRÉEVNA. Voi non vi
riguardate. Che caparbietà. Siete un dottore,
dovreste sapere perfettamente che l'aria
umida fa male, ma volete farmi stare in
pena; lo fate apposta, ieri siete rimasto tutta
la sera in terrazza...

DORN. (*Canticchia.*) «Non dir che la
giovinezza è perduta».

POLÌNA ANDRÉEVNA. Eravate così
preso dalla conversazione con Irìna

Nikolàevna... che nemmeno del freddo vi siete accorto. Ammettetelo, vi piace...

DORN. Ma ho cinquantacinque anni.

POLÌNA ANDRÉEVNA. Sciocchezze, a quest'età non si è vecchi. Siete in forma smagliante e le donne ancora vi corrono dietro.

DORN. Ma insomma, cosa volete?

POLÌNA ANDRÉEVNA. Davanti a un'attrice siete tutti pronti a mettervi in ginocchio. Tutti!

DORN. (*Canticchia.*) «M'inginocchio innanzi a te...» Che nella società gli artisti vengano idolatrati dalle folle o godano di più considerazione rispetto, per esempio, ai mercanti, è nell'ordine delle cose. È idealismo.

POLÌNA ANDRÉEVNA. Le donne si sono sempre innamorate di te e ti si sono sempre attaccate al collo. Anche questo è idealismo?

DORN. (*Facendo spallucce.*) Ebbene? Le donne si sono sempre comportate bene nei miei riguardi. Di me amavano principalmente il mio essere un medico eccellente. Dieci, quindici anni fa, se ben ricordi, tra tutti gli ostetrici del governatorato io ero l'unico in gamba. E, come uomo, mi sono sempre distinto per l'onestà.

POLÌNA ANDRÉEVNA. (*Gli afferra una mano.*) Mio caro!

DORN. Silenzio. Arrivano.

Entrano Arkàdina a braccetto con Sórin, Trigórin, Šamràev, Medvedénko e Maša.

ŠAMRÀEV. Nel 1873, alla fiera a Poltàva, lei ha recitato meravigliosamente. Uno spettacolo estasiante! Un'interpretazione da favola! Non avete la bontà di sapere dove si trova adesso il comico Pàvel Semënyč Čadin? Nei panni di Rasplûev era inimitabile, meglio di Sadóvskij, ve lo giuro, formidabile. Dov'è finito?

ARKÀDINA. Mi fate sempre domande su creature antidiluviane. Cosa ne posso sapere, io! *(Si siede.)*

ŠAMRÀEV. *(Tira un sospiro.)* Paška Čadin! Non se ne trovano più di comici così. Com'è caduto in basso il teatro, Irìna Nikolàevna! Una volta c'erano querce possenti, adesso invece solo ceppi.

DORN. Al giorno d'oggi ce ne son pochi di talenti veri, in effetti, ma il modo di recitare degli attori, è, nella media, di gran lunga migliore rispetto a un tempo.

ŠAMRÀEV. Non posso dire d'essere d'accordo. Del resto, è questione di gusti. *De gustibus...*

Treplëv esce da dietro al palco.

ARKÀDINA. *(Al figlio.)* Caro figlio, quand'è che si comincia?

TREPLËV. Tra un attimo. Un altro po' di pazienza, per favore.

ARKÀDINA. *(Recita dall'Amleto.)* «Figlio

mio, tu hai costretto i miei occhi a guardare nel fondo dell'anima mia, e io l'ho vista coperta di piaghe così sanguinose e mortali, che non spero salvezza!»

TREPLËV. «E tu perché sei sprofondata nel vizio, cercando amore nel baratro del delitto?»

Si sente il cornetto da dietro il palco.

Signori, si comincia! Attenzione, prego!

Pausa.

Comincio. (*Batte con una bacchetta e declama a piena voce.*) Oh voi, venerabili, vecchie ombre che nelle ore notturne vi aggirate su questo lago, addormentateci e fateci sognare che cosa accadrà tra duecentomila anni!

SÓRIN. Tra duecentomila anni non ci sarà niente.

TREPLËV. Allora che ci mostrino questo niente.

ARKÀDINA. Sia pure. Noi dormiamo.

Si alza il sipario; la vista si apre sul lago, la luna all'orizzonte si specchia nell'acqua; su una grossa roccia siede Nina Zaréčnaâ, tutta vestita di bianco.

NINA. Uomini, leoni, aquile e pernici, cervi cornuti, oche, ragni, pesci silenziosi che abitavano le acque, stelle marine, e tutti quegli esseri invisibili a occhio nudo, – insomma tutte le vite, tutte le vite, tutte le vite, compiuto il triste ciclo, si sono estinti… È ormai da migliaia di secoli che sulla terra non c'è anima viva e che questa povera luna accende invano il suo lume. Sui prati non si risvegliano più le gru col loro gracchiare, e nei boschi di tigli non si sente più il ronzìo dei maggiolini. Freddo, freddo, freddo, vuoto, vuoto, vuoto. Terrore, terrore, terrore.

Pausa.

Dei corpi degli esseri viventi non è rimasta che polvere, la storia infinita della materia li ha trasformati in pietre, acqua, nuvole, mentre le anime di tutti loro si sono fuse in una sola. L'anima universale collettiva sono io.... io... In me sono raccolte le anime di Alessandro Magno, Cesare, Shakespeare, Napoleone fino a quella dell'ultima sanguisuga. In me si sono fuse coscienze umane e istinti animali, e io ricordo tutto, tutto, tutto; ogni singola vita la rivivo in me.

Appaiono fuochi fatui.

ARKÀDINA. (*Sottovoce.*) Questo è decadentismo.

TREPLËV. (*Le getta un'occhiata supplicante e di rimprovero.*) Mamma!

NINA. Sono sola. Una volta ogni cent'anni apro bocca per parlare, e la mia voce riecheggia triste in questa desolazione, ma nessuno la sente… Nemmeno voi, pallidi fuochi, mi sentite… Partoriti, al primo chiarore del mattino, dall'acqua putrida della palude, voi vagate fino al levar del sole, vuoti nella mente, vuoti nell'intenzione, vuoti di vita. Col timore che in voi la vita risorga, il padre dell'eterna materia, il diavolo, a ogni istante compie in voi, come nelle pietre e nell'acqua, uno scambio di atomi, e voi vi trasformate incessantemente. Un'unica entità, nell'universo, rimane costante e immutabile: lo spirito.

Pausa.

Come un prigioniero, gettato in un pozzo vuoto, profondo non so dove mi trovo e cosa mi aspetta. So solo che nella caparbia, spietata lotta col diavolo, principio delle forze materiali, sarò io a cantar vittoria, allora la materia e lo spirito si fonderanno in una meravigliosa armonia e avrà inizio il regno della volontà universale. Ma questo avverrà solo quando, a poco a poco, dopo una lunga, lunga sequela di millenni, anche la luna, la brillante Sirio e la terra si trasformeranno in polvere, ma fino ad allora orrore, orrore...

Pausa; sullo sfondo del lago si scorgono due punti rossi.

Ecco, si avvicina il mio possente nemico, il diavolo. Vedo i suoi terribili occhi di porpora.

ARKÀDINA. Che puzza di zolfo. Era proprio necessario?

TREPLËV. Sì.

ARKÀDINA. (*Ride.*) Ah giusto, è per l'effetto.

TREPLËV. Mamma!

NINA. Il diavolo s'annoia senza l'uomo...

POLÌNA ANDRÉEVNA. (*A Dorn.*) Ma

come, vi togliete il cappello? Copritevi o vi prenderete un raffreddore.

ARKÀDINA. Il dottore si è tolto il cappello davanti al diavolo, padre dell'eterna materia.

TREPLËV. (*Pieno d'ira, a voce alta.*) Adesso basta! Fine della pièce! Sipario!

ARKÀDINA. Perché te la prendi tanto?

TREPLËV. Ne ho abbastanza! Sipario! Abbassate il sipario! (*Battendo i piedi.*) Sipario!

Calano il sipario.

Colpa mia! Quasi dimenticavo che scrivere per il teatro e recitare è privilegio di pochi eletti. Ho violato il monopolio! A me... Io... (*Vorrebbe dire ancora qualcosa, ma allontana il pensiero con la mano ed esce a sinistra.*)

ARKÀDINA. Ma che gli prende?

SÓRIN. Irina, mia cara, non si può trattare così un giovane che ha dell'amor proprio

ARKÀDINA. Che ho detto di male?

SÓRIN. L'hai offeso.

ARKÀDINA. Lui stesso ci diceva che si trattava di uno scherzo, e per uno scherzo io l'ho preso.

SÓRIN. Dopotutto...

ARKÀDINA. Adesso vien fuori che ha scritto un gran capolavoro! Ma fatemi il piacere! Dunque, se ho capito bene, ha messo in scena questo spettacolo e ci ha appestato di zolfo non per scherzo, ma per dimostrarci qualcosa... Forse voleva insegnarci come si deve scrivere e cosa si deve recitare. Alla lunga annoia. Queste continue allusioni nei miei riguardi e queste frecciatine, perdonatemi, ma darebbero fastidio a chiunque! È un ragazzo capriccioso, troppo pieno di sé.

SÓRIN. Voleva solo darti una soddisfazione.

ARKÀDINA. Ah, davvero? E allora perché non ha scelto una normalissima pièce, invece di costringerci ad ascoltare questo delirio decadente. Per scherzo sono disposta ad ascoltare anche un delirio, ma qui c'è la pretesa di forme nuove, di un'era nuova dell'arte. Per come la vedo io, qui non ci sono forme nuove, ma solo un pessimo carattere.

TRIGÓRIN. Ognuno scrive come vuole e come può.

ARKÀDINA. Che scriva come vuole e come può, purché mi lasci in pace.

DORN. Giove, ti arrabbi...

ARKÀDINA. Non sono Giove, sono una donna. (*Si accende una sigaretta.*) Non è rabbia la mia, solo mi dispiace che un ragazzo sprechi così il suo tempo. Non volevo offenderlo.

MEDVEDÉNKO. Nessuno ha motivo di separare lo spirito dalla materia perché, forse, lo spirito stesso è un insieme di atomi materiali. (*Animatamente, a Trigórin.*) Piuttosto, sapete cosa? Sarebbe bello poter scrivere una pièce e inscenare la vita di noi maestri. Dura, dura è la nostra vita!

ARKÀDINA. È giusto, ma non parliamo più di teatro e di atomi. È una serata splendida! Sentite questo canto, signori? (*Si mette in ascolto.*) Che bello!

POLÌNA ANDRÉEVNA. Viene dall'altra riva.

Pausa.

ARKÀDINA. (*A Trigórin.*) Sedete qui, accanto a me. Sapete, dieci, quindici anni fa, su questo lago, quasi ogni sera si sentiva suonare e cantare senza sosta. Su questa riva ci sono sei tenute. Ricordo risate, fragore, spari, amori, ah, gli amori... Vi presento Jeune premier, idolo di tutte e sei le tenute (*Fa un cenno a Dorn.*), il dottor Evgénij Sergéevič. Ancora oggi è affascinante, ma allora era irresistibile. Oddio, mi sento in colpa adesso. Perché ho offeso il mio povero ragazzo? Sono inquieta. (*A voce alta.*) Kostâ! Figlio mio! Kostâ!

MAŠA. Vado a cercarlo io.

ARKÀDINA. Vi ringrazio, cara.

MAŠA. (*Va a sinistra.*) Oh-oh! Konstantìn Gavrìlovič! ...Oh-oh! (*Esce.*)

NINA. (*Esce da dietro il palco.*) Chiaramente lo spettacolo si ferma qui, mi sa che posso andare. Salve! (*Saluta con un bacio Arkàdina e Polìna Andréevna.*)

SÓRIN. Brava! Brava!

ARKÀDINA. Brava! Brava! Vi abbiamo ammirato. Con una figura come la vostra, una voce così incantevole è un peccato rimanere in campagna. Avete talento, ne sono certa. Datemi retta, dovete assolutamente fare teatro!

NINA. Oh, è il mio sogno! (*Tira un sospiro.*) Ma non si avvererà mai.

ARKÀDINA. E chi lo sa? Permettetemi di presentarvi Borìs Alekséeevič Trigórin.

NINA. Ah che gioia (*Mostra imbarazzo.*) Io vi leggo sempre...

ARKÀDINA. (*La fa sedere accanto a sé.*) Non vi imbarazzate, cara. Il signore qui è una celebrità, è vero, ma ha un'anima semplice. Vedete, si è imbarazzato pure lui.

DORN. Direi che adesso si può alzare il sipario, fa impressione così.

ŠAMRÀEV. (*A voce alta.*) Âkov, caro, alza il sipario.

Il sipario si alza.

NINA. (*A Trigórin.*) Strana la pièce, eh?

TRIGÓRIN. Non ci ho capito niente. Però ho assistito con piacere. Voi avete recitato con molta naturalezza. E poi la scenografia era bellissima.

Pausa.

Devono esserci molti pesci in questo lago.

NINA. Sì.

TRIGÓRIN. A me piace pescare. Per me, non c'è piacere più grande che starsene seduti, sul far della sera, in riva e guardare il galleggiante.

NINA. Io, invece, credo che il piacere della creazione artistica eclissi tutti gli altri.

ARKÀDINA. (Ride.) Non parlate così. Quando gli si dicono parole belle, ammattisce.

ŠAMRÀEV. Ricordo che una volta, a Mosca, al teatro dell'opera il celebre Silva prese un do basso. In loggione, neanche a farlo apposta, quella sera c'era un basso dei nostri cantori del Sinodo e a un tratto, figuratevi il nostro immenso stupore, sentiamo dal loggione «Bravo Silva!», un'intera ottava più giù. Ecco, così (*con voce di basso*.): «Bravo, Silva...» Tutto il teatro è rimasto di stucco.

Pausa.

DORN. È passato l'angelo del silenzio.

NINA. È ora che vada, vi saluto.

ARKÀDINA. Ma dove? Dove scappate così presto? Non vi lasciamo andare.

NINA. C'è papà che mi aspetta.

ARKÀDINA. Ma che tipo...

Si salutano con un bacio.

Beh, che farci. Che peccato, mi dispiace lasciarvi andar via.

NINA. Sapesse quanto dispiace a me!

ARKÀDINA. Sarebbe meglio che vi accompagnasse qualcuno, mia cara.

NINA. (*Spaventata.*) Oh no, no!

SÓRIN. (*Supplichevole.*) Restate!

NINA. Non posso, Pëtr Nikolàevič.

SÓRIN. Restate ancora un'oretta, e via. In fin dei conti...

NINA. (*Dopo averci riflettuto, tra le lacrime.*) Non posso! (*Gli stringe la mano e scappa via.*)

ARKÀDINA. È una ragazza infelice, tutto sommato. Dicono che la sua defunta madre abbia lasciato al marito tutto il suo enorme patrimonio, fino all'ultima copeca, e adesso questa ragazza è rimasta senza un soldo, dato che il padre ha lasciato tutto in eredità alla seconda moglie. È scandaloso.

DORN. Già, il suo papino è una vera bestia, bisogna dargliene atto.

SÓRIN. (*Sfregandosi le mani infreddolite.*) Andiamocene anche noi, signori, prima che si faccia umido. Mi fanno male le gambe.

ARKÀDINA. Oh, povero vecchietto, dai, vieni (*Lo prende sottobraccio.*) Sono come di legno le tue gambe, le muovi a malapena.

ŠAMRÀEV. (*Porge il braccio alla moglie.*) Madam[3]?

SÓRIN. Uff, il cane si è rimesso a guaire. (*A Šamràev.*) Siate gentile, Il'â Afanàs'evič, fatelo slegare.

ŠAMRÀEV. Non posso proprio, Pëtr

3

Parola francese madame, pronunciata alla russa.

Nikolàevič, non sia mai che i ladri si infilino nel granaio. Ci ho messo il miglio. (*A Medvedénko che gli cammina accanto.*) Sì, un'intera ottava più giù: «Bravo, Silva!» Non era neanche un cantante, ma un semplice cantore del sinodo.

MEDVEDÉNKO. Che stipendio può avere un cantore del sinodo?

Tutti escono, tranne Dorn.

DORN. (*Solo.*) Bah, sarà che non capisco niente di teatro o che sono fuori di testa, ma a me la pièce è piaciuta. Ha un suo perché. Quando la ragazza parlava della solitudine e poi quando sono apparsi gli occhi rossi del diavolo, mi tremavano le mani dal turbamento. C'è freschezza, c'è ingenuità... Pare che stia arrivando. Vorrei dirgli qualche buona parola.

TREPLËV. (*Entra.*) Non c'è più nessuno.

DORN. Ci sono io.

TREPLËV. Maša mi sta cercando per tutto il parco. Che creatura insopportabile.

DORN. Konstantìn Gavrìlovič, a me la vostra pièce è piaciuta moltissimo. È un po' strana e non ne conosco la fine, eppure mi ha fatto un'impressione forte. Avete del talento, e dovete continuare a coltivarlo.

Treplëv gli stringe forte la mano e lo abbraccia con impeto.

Eh, come siamo nervosi. Addirittura le lacrime agli occhi... Che volevo dirvi? Avete preso il soggetto dal campo delle idee astratte. E avete fatto bene, perché l'opera d'arte è, senz'altro, il frutto di un'idea grande. È bello solo ciò che è serio. Come siete pallido!

TREPLËV. Voi dite che devo continuare?

DORN. Certo... Ma dovete impegnarvi a rappresentare solo ciò che è importante ed eterno. Come ben sapete, mi sono goduto appieno la vita e posso dirmi soddisfatto, ma se avessi sperimentato lo slancio dell'animo che guida gli artisti alla creatività, credo che avrei disprezzato il mio involucro materiale e tutto ciò che ci ha a che fare, e mi sarei elevato.

TREPLËV. Scusatemi, dov'è la Zaréčnaâ?

DORN. Ma non basta. Nell'opera d'arte deve esserci un'idea chiara, precisa. Dovete sapere perché scrivete, o, seguendo questo cammino pittoresco senza uno scopo preciso, vi perderete e il vostro talento vi sarà fatale.

TREPLËV. (*Impaziente.*) Dov'è la Zaréčnaâ?

DORN. È andata a casa.

TREPLËV. (*Preso dallo sconforto.*) Cosa fare? Voglio vederla.. Devo assolutamente vederla... Vado da lei...

Entra Maša.

DORN. (*A Treplëv.*) Calmatevi, amico mio.

TREPLËV. Però ci vado. Devo andarci.

MAŠA. Andate a casa, Konstantìn Gavrìlovič. Vostra mamma vi aspetta. È inquieta.

TREPLËV. Ditele che sono andato via. Lasciatemi in pace, vi prego! Lasciatemi! E non mi seguite!

DORN. Su, su, su caro... non ci si comporta così... Non va bene.

TREPLËV. (*In lacrime.*) Scusatemi, dottore. Vi ringrazio… (*Esce.*)

DORN. (*Tira un sospiro.*) Ah, i giovani, i giovani!

MAŠA. Quando non si ha nient'altro da dire si dice: Ah, i giovani, i giovani... (*Fiuta tabacco.*)

DORN. (*Le prende la tabacchiera e la getta tra i cespugli.*) È disgustoso!

Pausa.

Mi sa che qualcuno sta suonando in casa. Dobbiamo andare.

MAŠA. Aspettate un attimo.

DORN. Cosa?

MAŠA. Ve lo dirò ancora una volta. Ho bisogno di parlarvi... (*Agitata.*) Io non amo mio padre... ma con voi apro il mio cuore. Non so perché, ma sento, con tutta me stessa, che mi siete vicino... Aiutatemi. Aiutatemi o farò una stupidaggine, mi farò beffa della mia vita, la butterò via... Non ne posso più.

DORN. Cosa dite? Come posso aiutarvi?

MAŠA. Sto soffrendo. Nessuno, nessuno sa quanto soffro! (*Gli appoggia la testa sul petto e parla sottovoce.*) Amo Konstantìn.

DORN. Come sono tutti nervosi! Come sono tutti nervosi! E quanto amore... Oh, lago incantatore! (*Con tenerezza.*) Ma cosa posso farci io, bambina? Cosa? Cosa?

ATTO SECONDO

Un campo da croquet. In fondo, a destra, una casa con una terrazza grande, a sinistra, il lago e, riflessa nell'acqua, la luce splendente del sole. Aiuole rigogliose. Mezzogiorno. Giornata calda. Su un lato del campo, all'ombra di un tiglio vecchio, siedono su una panchina Arkàdina, Dorn e Maša. Dorn ha un libro aperto sulle ginocchia.

ARKÀDINA. (*A Maša.*) Su, alziamoci.

Si alzano.

Mettiamoci vicine. Voi avete ventidue anni, io quasi il doppio. Evgénij Sergéevič, chi di noi è più giovanile?

DORN. Voi, naturalmente.

ARKÀDINA. Ecco… E perché, secondo voi? Perché io lavoro, mi entusiasmo, sono presa da mille cose, mentre voi ve ne state lì, immobile, non avete una vita... E poi, io ho una regola: non guardare al futuro. Non penso mai né alla vecchiaia, né alla morte. Tanto, quel che deve accadere non si può evitarlo.

MAŠA. Io, invece, ho la sensazione di essere nata da molto, moltissimo tempo; la mia vita me la tiro dietro come uno strascico senza fine... E tante volte non ho nessuna voglia di vivere. *(Si siede.)* Lo so, sono tutte sciocchezze. Bisogna darsi una mossa, scrollarsi di dosso tutto questo.

DORN. *(Canticchia sottovoce.)* «Diteglielo voi, oh fiori miei...»

ARKÀDINA. E poi sono sempre impeccabile, come un inglese. Io, mia cara, mi tengo in forma, come suol dirsi, e sono sempre vestita e pettinata *comme il faut*. Mi son mai permessa di uscire di casa, sia pure solo per andare in giardino, in casacca o tutta arruffata? Mai. Mi son conservata così bene proprio perché non sono mai stata una sciattona, non mi sono mai trascurata come fanno certe... *(Con le mani sui fianchi, cammina su e giù, ancheggiando.)* Eccomi qui, davanti a voi, come una pulcina. Potrei fare la parte di una quindicenne.

DORN. Bene. Io, comunque, continuo. *(Prende il libro.)* Eravamo rimasti al mugnaio e ai ratti...

ARKÀDINA. E ai ratti, sì. Leggete. *(Si siede.)* Anzi, datelo a me, leggo io. Tocca a me. *(Prende il libro e cerca il segno.)* E ai ratti... ecco, trovato... *(Legge.)* «E, si capisce, per la gente mondana viziare i romanzieri e ingraziarseli è tanto pericoloso quanto lo è, per un mugnaio, allevare ratti nel proprio granaio. Eppure, tutti li amano. Così, quando una donna ha scelto lo scrittore che vuole conquistare, lo riempie di complimenti, carinerie e moine...» Ma questo accadrà in Francia, noi non è che facciamo programmi. Da noi, di solito, quando una donna ha deciso di conquistare uno scrittore, vuol dire che ne è già innamorata fino alle orecchie. Senza andare tanto lontano, basta guardare me e Trigórin...

Entrano Sórin, appoggiandosi al bastone, Nina di fianco a lui; Medvedénko spinge una poltrona vuota dietro di loro.

SÓRIN. (*Col tono di chi vezzeggia un bambino.*) Sì? È contentezza, quella che vedo? Oh, siamo allegri oggi, in fin dei conti? (*Alla sorella.*) Che contentezza! Il padre e la matrigna sono partiti per Tver' e noi siamo liberi per tre giorni interi.

NINA. (*Si siede accanto ad Arkàdina e l'abbraccia.*) Sono felice! Ora mi avete tutta per voi.

SÓRIN. (*Si siede sulla sua poltrona.*) Oggi Nina è caruccia.

ARKÀDINA. Elegante, interessante... Avete anche una bella testa. *(Dà un bacio a Nina.)* Ma non bisogna fare troppi complimenti, porta male. Dov'è Borìs Alekséevič?

NINA. A pesca allo stabilimento balneare.

ARKÀDINA. Come fa a non annoiarsi? (*Vuole continuare a leggere.*)

NINA. Cosa leggete?

ARKÀDINA. Maupassant «Sull'acqua», mia cara. *(Legge alcune righe tra sé.)* No, ma il seguito non è interessante e, poi, è inverosimile. *(Chiude il libro.)* La mia anima è inquieta. Ditemi, cos'ha mio figlio? Come mai è sempre annoiato e scontroso? Passa intere giornate sul lago, e io non lo vedo quasi mai.

MAŠA. È un'anima in pena. *(A Nina, timidamente.)* Vi prego, leggete qualcosa dalla sua pièce!

NINA. *(Facendo spallucce.)* Dite sul serio? È così poco interessante!

MAŠA. *(Contenendo l'entusiasmo.)* Quando legge qualcosa, gli occhi gli risplendono e il viso gli diventa pallido. Ha una voce meravigliosa, malinconica; e l'atteggiamento è quello di un poeta.

Si sente Sórin che russa.

DORN. Buona notte!

ARKÀDINA. Petrùša!

SÓRIN. Eh?

ARKÀDINA. Dormi?

SÓRIN. Niente affatto.

Pausa.

ARKÀDINA. Tu non ti curi, fratello, e fai male.

SÓRIN. Mi piacerebbe curarmi, ma è il dottore che non vuole.

DORN. Curarsi a sessant'anni, ma dai!

SÓRIN. Anche a sessant'anni si ha ancora voglia di vivere.

DORN. *(Infastidito.)* Mah! Va beh, prendete delle gocce di valeriana.

ARKÀDINA. Gli farebbe bene andare da qualche parte alle acque, secondo me.

DORN. Massì, ci si può andare. Ci si può anche non andare.

ARKÀDINA. Vallo a capire.

DORN. Ma non c'è niente da capire. È tutto chiaro.

Pausa.

MEDVEDÉNKO. Pëtr Nikolàevič dovrebbe smettere di fumare.

SÓRIN. Sciocchezze.

DORN. No no, non sono sciocchezze. Vino e tabacco privano della personalità. Dopo un sigaro o un bicchiere di vodka voi non siete più Pëtr Nikolàevič, ma Pëtr Nikolàevič più qualcun altro; il vostro Io si dissocia e voi vi rivolgete a voi stesso ormai come a un'altra persona – un lui.

SÓRIN. (*Ride.*) Facile atteggiarsi a filosofo. Voi, a suo tempo, ve la siete goduta la vita, mentre io? Io ho prestato servizio nel dipartimento di giustizia per ventotto anni, non ho ancora mai vissuto, né avuto esperienze di alcun tipo, in fin dei conti, quindi è naturale che abbia una gran voglia di vivere, adesso. Voi avete la pancia piena, siete indifferente e per questo incline alla filosofia, io, invece, ho voglia di vivere e perciò mi faccio un bel bicchiere di sherry a pranzo e mi fumo un sigaro, questo è. Tutto qua.

DORN. La vita bisogna prenderla con

serietà e a sessant'anni curarsi, rimpiangere di non essersela goduta appieno in gioventù, scusatemi, ma significa prendere le cose con leggerezza.

MAŠA. (*Si alza.*) Sarà ora di colazione. (*Incede a passo pigro e stanco.*) Mi si è intorpidita una gamba... (*Esce.*)

DORN. Si va a fare pure due bicchierini prima di colazione.

SÓRIN. Per com'è infelice ci credo, poveraccio!

DORN. Tutte chiacchiere, vostra eccellenza.

SÓRIN. Voi ragionate come un uomo che ha la pancia piena.

ARKÀDINA. Ah, cosa può esserci di più noioso di questa piacevole noia di campagna! Caldo, quiete, nessuno fa niente, stanno tutti a filosofare... È bellissimo stare con voi, amici miei, è un piacere ascoltarvi, ma... starsene in una stanza d'albergo a studiare la parte è molto meglio!

NINA. (*Con entusiasmo.*) Sì, bellissimo! Come vi capisco!

SÓRIN. Certo, in città si sta meglio. Te ne stai nel tuo studio, il cameriere non fa entrare nessuno senza preavviso, c'è il telefono... poi in strada ci sono i vetturini e tutto il resto...

DORN. (*Canticchia.*) «Diteglielo voi, oh fiori miei...»

Entra Šamràev, dietro di lui Polìna Andréevna.

ŠAMRÀEV. Eccoli. Buongiorno! (*Bacia la mano ad Arkàdina, poi a Nina.*) Sono molto contento di trovarvi in buona salute. (*Ad Arkàdina.*) Mia moglie mi ha detto che oggi volete andare con lei in città. È vero?

ARKÀDINA. Sì, l'idea era questa.

ŠAMRÀEV. Mmh... Magnifico, ma con quale mezzo andrete, stimatissima? Oggi trasportiamo la segale, gli operai sono tutti occupati. E con quali cavalli, se posso chiedere?

ARKÀDINA. Con quali cavalli? E che ne so io con quali!

SÓRIN. Abbiamo quelli della carrozza.

ŠAMRÀEV. (*In agitazione.*) Quelli della carrozza? E dove prendo i finimenti? Dove li prendo? Da non credere! È inconcepibile! Scusatemi spettabile, io riverisco il vostro talento, a voi darei dieci anni della mia vita, ma i cavalli proprio non ve li posso dare!

ARKÀDINA. Ma se io devo andare in città? Cose da pazzi!

ŠAMRÀEV. Stimatissima! Voi non sapete cosa significa amministrare una tenuta!

ARKÀDINA. (*Sdegnata.*) Sempre la stessa storia! Se è così che la mettete, io parto oggi stesso per Mosca. Fate noleggiare per me dei cavalli al villaggio, sennò ci andrò a piedi alla stazione!

ŠAMRÀEV. (*Pieno d'ira.*) Allora io mi licenzio! Trovatevi un altro amministratore! (*Esce.*)

ARKÀDINA. Ogni estate è la stessa storia, ogni estate qui vengo umiliata! Non ci metterò mai più piede!

Esce a sinistra dove, presumibilmente, c'è lo stabilimento balneare; dopo un momento la si vede in scena mentre entra in casa; al suo seguito c'è Trigórin con la canna da pesca e un secchio.

SÓRIN. (*Pieno d'ira.*) Ma che arroganza! È assurdo! Ne ho piene le scatole di queste sgarberie, in fin dei conti. E adesso mandatemi qui tutti i cavalli!

NINA. (*A Polìna Andréevna.*) Come si può dire di no a un'artista così famosa come Irina Nikolàevna! Ogni suo desiderio, fosse anche solo un capriccio, non è forse più importante della vostra amministrazione? Proprio da non credere!

POLÌNA ANDRÉEVNA. (*Presa dallo sconforto.*) Che ci posso fare io? Mettetevi nei miei panni: che ci posso fare?

SÓRIN. (*A Nina.*) Andiamo da mia sorella... Tutti insieme la supplicheremo di non partire. Non è vero? (Guardando verso il punto in cui era uscito Šamràev.) Che uomo insopportabile! Un despota!

NINA. (*Impedendogli di alzarsi.*) State seduto, state seduto... Vi spingiamo noi...

Nina e Medvedénko spingono la poltrona.

Oh, che cosa orribile!..

SÓRIN. Sì, sì, è orribile... Tanto non se ne andrà, ora gli parlo io.

Escono; rimangono solamente Dorn e Polìna

Andréevna.

DORN. La gente porta solo noie. In sostanza bisognerebbe mandare via vostro marito a calci, e invece finirà che questa vecchia baba di Pëtr Nikolàevič e sua sorella finiranno per chiedergli scusa. Vedrete!

POLÌNA ANDRÉEVNA. Anche i cavalli della carrozza ha mandato nei campi e ogni giorno ci sono simili malintesi. Se solo sapeste come mi turba tutto questo! Io non sopporto la sua rozzezza. (*Supplichevole.*) Mi ci sto ammalando; vedete, tremo tutta... Evgénij, caro, adorato, prendetemi con voi... Il tempo fugge, non siamo più giovani, e che almeno alla fine della vita non ci si debba più nascondere, né mentire...

Pausa.

DORN. Ho cinquantacinque anni, ormai è troppo tardi per cambiare vita.

POLÌNA ANDRÉEVNA. Lo so, voi mi respingete perché oltre a me ci sono altre donne che vi sono intime. Averle tutte per sé è impossibile. Capisco. Scusate, vi ho annoiato.

Nina compare vicino alla casa; coglie i fiori.

DORN. Ma no, niente.

POLÌNA ANDRÉEVNA. La gelosia mi fa soffrire. Certo, voi siete un dottore, non potete evitare le donne. Capisco...

DORN. (*A Nina, che si avvicina.*) Che succede di là?

NINA. Irìna Nikolàevna piange e Pëtr

Nikolàevič ha un attacco d'asma.

DORN. (*Si alza.*) Andiamo a dare a tutti e due qualche goccia di valeriana...

NINA. (*Gli dà dei fiori.*) Prendete!

DORN. *Merci bien.* (*Va verso casa.*)

POLÌNA ANDRÉEVNA. (*Va con lui.*) Che fiori deliziosi! (*Vicino a casa, con voce sorda.*) Datemi questi fiori! Datemi questi fiori! (*Prende i fiori, li fa a pezzi e li butta via.*)

Entrambi entrano in casa.

NINA. (*Sola.*) Com'è strano veder piangere un'attrice famosa, e per giunta per un motivo così futile! Ed è strano che uno scrittore famoso, amato dal pubblico, citato da tutti i giornali, ritratto ovunque, tradotto in diverse lingue se ne stia tutto il giorno a pescare e si rallegri di aver preso due cefali. Credevo che le persone famose fossero inaccessibili, altere, che disprezzassero la folla e che usassero la propria gloria, il lustro del proprio nome come ripicca nei confronti di questa folla che mette nobiltà e ricchezza al di sopra di tutto. E invece piangono, vanno a pesca, giocano a carte, ridono e si arrabbiano, come chiunque...

TREPLËV. (*Entra senza cappello, con un fucile e un gabbiano ucciso.*) Siete sola qui?

NINA. Sola.

Treplëv mette il gabbiano ai suoi piedi.

Questo che significa?

TREPLËV. Oggi, per vigliaccheria, ho ucciso questo gabbiano. Lo metto ai vostri piedi.

NINA. Che vi prende? (*Solleva il gabbiano e lo guarda.*)

TREPLËV. (*Dopo una pausa.*) Presto, allo stesso modo, ucciderò me stesso.

NINA. Io non vi riconosco.

TREPLËV. Sì, da quando ho smesso di riconoscervi io. Siete cambiata nei miei confronti, il vostro sguardo è freddo, la mia presenza vi mette in soggezione.

NINA. Negli ultimi tempi siete diventato suscettibile, esternate il vostro stato d'animo in modi indecifrabili, usando strani simboli. E, a quanto pare, anche questo gabbiano è un simbolo, ma, scusatemi, io non lo capisco... (*Stende il gabbiano sulla panchina.*) Sono troppo semplice per capirvi.

TREPLËV. Tutto è cominciato la sera in cui la mia pièce ha fatto fiasco così scioccamente. Le donne non perdonano l'insuccesso. Ho bruciato tutto, tutto fino all'ultimo brandello. Se voi sapeste come sono infelice! La vostra freddezza ogni giorno più grande è terribile, inammissibile, come se, nello svegliarmi, vedessi che il lago si è, tutt'a un tratto, seccato o che la terra lo ha prosciugato. Poco fa avete detto che siete troppo semplice per capirmi. Ma cosa c'è da capire? La pièce non è piaciuta, voi disprezzate la mia ispirazione, mi considerate mediocre, una nullità, uno come tanti... (*Battendo i piedi.*) Capisco benissimo, eccome se capisco! Ho come un chiodo conficcato nel cervello, sia maledetto lui e il mio amor proprio che mi succhia il sangue, lo succhia, come una serpe… (*Dopo aver visto Trigórin che si avvicina, leggendo un libricino.*) Eccolo qui il vero talento; incede come Amleto, anche lui con un libricino (*Lo beffeggia.*) «Parole, parole, parole...» Questo sole non vi si è ancora appressato, e già sorridete, il vostro sguardo si è sciolto ai suoi raggi. Non vi sarò d'intralcio. (*Esce velocemente.*)

TRIGÓRIN. (*Annotando sul libricino.*) Fiuta tabacco e beve vodka... È sempre vestita di nero. Il maestro è innamorato di lei...

NINA. Salve, Borìs Alekséevič!

TRIGÓRIN. Salve. Per circostanze inattese, a quanto pare, dovremo partire oggi stesso. Mi sa che non ci rivedremo. E mi rincresce. Non mi capita spesso di incontrare ragazze giovani, giovani e interessanti, ormai mi sono dimenticato e non riesco a figurarmi con chiarezza come ci si senta a diciotto-diciannove anni, ed è per questo che nei miei racconti, nelle mie novelle, ogni volta le ragazze mi vengono false. Ecco, vorrei, anche solo per un'ora, essere nei vostri panni per capire cosa pensate e, in genere, che tipo siete.

NINA. E invece io vorrei essere nei panni vostri.

TRIGÓRIN. Per quale motivo?

NINA. Per sapere come ci si sente a essere uno scrittore famoso e di talento. Che sapore ha la celebrità? Cosa provate voi ad essere famoso?

TRIGÓRIN. Cosa provo? Forse niente. Non ci ho mai pensato. (*Pensoso.*) Una delle due: o la mia fama la sopravvalutate, oppure non si avverte affatto.

NINA. E quando leggete cosa scrivono di voi i giornali?

TRIGÓRIN. Quando mi elogiano, mi fa piacere, quando mi insultano, per un paio di giorni sono di cattivo umore.

NINA. Che mondo incantevole! Sapeste come vi invidio! Ogni uomo ha il suo destino. Ci sono quelli che trascinano a stento la propria esistenza noiosa, insignificante, tutti fatti allo stesso modo, tutti infelici; e ci sono quelli che, come voi per esempio, che siete uno su un milione, hanno la fortuna di avere una vita interessante, luminosa, piena di significato... Voi siete felice...

TRIGÓRIN. Io? (*Stringendosi nelle spalle.*) Mmh... Voi parlate di fama, di felicità, di non so che vita luminosa, interessante, mentre per me tutte queste belle parole sono, scusatemi, come le gelatine di frutta, che non mangio mai. Siete molto giovane e molto buona.

NINA. Avete una vita bellissima!

TRIGÓRIN. Cosa c'è poi di tanto bello?

(*Guarda l'orologio.*) Scusate, ma ora devo andare a scrivere. Non ho tempo... (*Ride.*) Avete, come dire, toccato il mio callo preferito, ed ecco che comincio ad agitarmi e divento inquieto. Va bene, allora, parliamone pure. Finiremo per parlare di quanto è meravigliosa la mia vita, di quanto è luminosa... Bene, da dove cominciare? (*Ci pensa un po' su.*) Capita di avere delle idee moleste, come quando uno pensa giorno e notte alla luna, per esempio, e così anch'io ho la mia luna. Un pensiero fisso, giorno e notte, mi consuma: devi scrivere, devi scrivere, devi... Finisco un racconto e, per qualche ragione, subito devo cominciare a scriverne un altro, e poi un terzo, e dopo il terzo un quarto... Scrivo di continuo, come se a ogni stazione mi cambiassero i cavalli, e non posso farne a meno. Quindi mi chiedo che cosa ci trovate di meraviglioso, di luminoso? Oh, è una vita sfrenata! Ecco, sono qui con voi, mi agito, e intanto non riesco a fare a meno di pensare che c'è un racconto da finire che m'aspetta. Vedo, per esempio, una nuvola che sembra un pianoforte. E allora penso: in qualche punto del racconto bisognerà menzionare che, nel cielo, c'era una nuvola fluttuante simile a un pianoforte. Sento profumo di eliotropio. Subito prendo nota: odore dolciastro, colore da vedova, da menzionare nel caso in cui descrivessi una sera d'estate. Faccio

attenzione a ogni frase, a ogni parola mia e
vostra e raccolgo tutto nella mia dispensa
letteraria: potrebbero tornarmi utili!
Quando finisco un lavoro, corro al teatro o
vado a pesca; potrei riposare, svuotare la
mente, e invece – c'è come una palla di
ghisa pesante che mi si dimena in testa, un
nuovo soggetto – devo tornare di fretta alla
mia scrivania e di nuovo scrivere, scrivere. È
sempre così, sempre così, non riesco a
trovare pace e sento di star consumando la
mia stessa vita, e che per dare il miele in
giro spoglio i miei fiori migliori del loro
polline, li faccio a pezzi e ne calpesto le
radici. Non sono forse pazzo? Secondo voi
parenti e conoscenti mi trattano come una
persona sana di mente? «Cosa state
annotando? Cosa ci regalerete di bello?»
Sempre la stessa storia, sempre la stessa
storia, e ho come l'impressione che le
attenzioni dei conoscenti, le lodi, le
ammirazioni e cose simili siano tutto un
inganno, che mi si inganni come lo si
farebbe a un malato, e talvolta ho paura che
qualcuno mi si accosti pian piano alle spalle,
mi afferri e mi porti al manicomio, proprio
come è accaduto a Poprìŝin. E nei primi
anni, quelli più belli, quando cominciavo a
scrivere per me era un continuo supplizio.
Uno scrittore piccolo, specie se non ha
successo, si crede goffo, impacciato,
superfluo, ha i nervi a fior di pelle;

gironzola impetuoso intorno a letterati e artisti, anonimo, senza che nessuno lo consideri, timoroso di guardare dritto negli occhi come un giocatore accanito che non ha più soldi. Io non vedevo il mio lettore, ma nella mia testa, chissà perché, me lo immaginavo sempre malevolo, e diffidente. Il pubblico mi faceva paura, mi terrorizzava, e ogni volta che andava in scena una mia nuova pièce, avevo sempre l'impressione che i bruni mi fossero ostili e i biondi gelidamente indifferenti. Che cosa orribile. Che supplizio!

NINA. Scusate, ma l'ispirazione e il processo creativo stesso non vi danno momenti sublimi, felici?

TRIGÓRIN. Ma sì. Scrivere è piacevole. Anche correggere le bozze è piacevole, ma... non appena viene pubblicata, non la sopporto già più, già penso che non è cosa, ho sbagliato, che non avrei dovuto scriverla affatto, provo stizza, mi sento uno schifo… (*Ride.*) E intanto il pubblico legge: «Sì, carino, di talento... Carino, ma Tolstój è a un altro livello», oppure: «Bellissimo, ma *Padri e figli* di Turgénev è meglio». E così, fino alla lapide, sarà sempre e solo carino e talentoso, carino e di talento – nient'altro, e quando morirò, i conoscenti, passando accanto alla tomba diranno: «Qui giace Trigórin. Scrittore decente, ma non quanto

Turgénev».

NINA. Scusate, ma mi rifiuto di capire. Siete soltanto viziato dal successo.

TRIGÓRIN. Da quale successo? Io non mi sono mai piaciuto. Come scrittore non mi apprezzo. E il peggio è che vedo confusamente come attraverso un fumo e non capisco quello che scrivo... Amo quest'acqua, ecco, gli alberi, il cielo, sento la natura, risveglia in me la passione e mi fa venire una voglia irresistibile di scrivere. Ma non sono un paesaggista, sono anche un cittadino, amo la patria, il popolo, e sento che, come scrittore, ho il dovere di parlare del popolo, delle sue sofferenze, del suo avvenire, di parlare della scienza, dei diritti dell'uomo eccetera, eccetera, e parlo di tutto, arranco, mi spingono da tutte le parti, si arrabbiano, e io mi sbatto di qua e di là come una volpe braccata dai cani, e vedo che la vita e la scienza vanno avanti e avanti, mentre io rimango indietro e indietro, come un mužìk che ha perso il treno e in fin dei conti, sento di saper dipingere paesaggi, mentre in tutto il resto sono falso e falso fino al midollo.

NINA. Voi vi siete guadagnato tutto, e non avete né tempo né voglia di riconoscere il vostro valore. Potrete non essere soddisfatto di voi stesso, ma per gli altri siete un grande, meraviglioso! Se io fossi uno scrittore del vostro calibro, dedicherei tutta la vita alla gente, ma riconoscerei che la loro felicità risiederebbe nell'elevarsi fino al mio livello, e mi porterebbero sul carro.

TRIGÓRIN. Certo, sul carro... Come no, sono Agamennone io.

Entrambi sorridono.

NINA. Per una felicità del genere, di essere scrittrice o artista, sopporterei il malvolere dei miei cari, il bisogno, la delusione, vivrei in un sottotetto e mangerei solo pane di segale, patirei anche l'insoddisfazione di me stessa, la consapevolezza dei miei difetti, però poi potrei anelare alla gloria... alla vera, strepitosa gloria… (*Si copre il viso con le mani.*) Mi gira la testa... Uff!..

Voce di Arkàdina (*Dalla casa.*) «Borìs Alekséevič!»

TRIGÓRIN. Mi chiamano… Deve essere per fare i bagagli. Di partire non ho nessuna voglia. (*Si volta a guardare il lago.*) Ma guarda che benedizione!.. Bello!

NINA. Vedete la casa e il giardino sull'altra riva?

TRIGÓRIN. Sì.

NINA. È la tenuta della mia povera mamma. Sono nata là. Ho trascorso tutta la vita su questo lago e ne conosco ogni isoletta.

TRIGÓRIN. Bello qui da voi! (*Vede il gabbiano.*) E questo cos'è?

NINA. Un gabbiano. Lo ha ucciso

Konstantìn Gavrìlič.

TRIGÓRIN. Un bell'uccello. Non ho voglia di partire, affatto. Convincete voi Irina Nikolàevna a restare. (*Annota sul libricino.*)

NINA. Cos'è che scrivete?

TRIGÓRIN. Così, prendo appunti... Mi è venuto in mente un soggetto. (*Nasconde il libricino.*) Un intreccio per un breve racconto: sulla riva di un lago vive, sin dall'infanzia, una ragazza giovane, come voi; ama il lago, come un gabbiano, ed è felice, ed è libera, come un gabbiano. Caso volle che giungesse lì un uomo, la vedesse e, tanto per passare il tempo, la rovinasse, proprio come questo gabbiano.

Pausa.

Alla finestra appare Arkàdina.

ARKÀDINA. Borìs Alekséevič, dove siete?

TRIGÓRIN. Vengo subito! (*Fa per andarsene e si volta indietro a guardare Nina; vicino alla finestra, rivolto ad Arkàdina.*) Che c'è?

ARKÀDINA. Restiamo.

Trigórin se ne va in casa

NINA. (*Si avvicina alla ribalta; dopo un momento di riflessione.*) Un sogno!

Sipario.

ATTO TERZO

Sala da pranzo in casa Sórin. A destra e a sinistra porte. Una credenza. Un armadietto dei medicinali. In mezzo alla stanza un tavolo. Una valigia e alcune scatole; i preparativi per la partenza sono evidenti. Trigórin fa colazione, Maša è in piedi vicino al tavolo.

MAŠA. Tutto questo ve lo racconto perché siete uno scrittore. Potete servirvene. In tutta coscienza: se si fosse ferito gravemente non sarei sopravvissuta nemmeno un attimo. Eppure io sono coraggiosa. Così ho preso una decisione: mi strapperò questo amore dal cuore, lo strapperò dalla radice.

TRIGÓRIN. E come fareste?

MAŠA. Mi sposerò. Con Medvedénko.

TRIGÓRIN. Sarebbe il maestro?

MAŠA. Sì.

TRIGÓRIN. Non capisco, che bisogno ne avete.

MAŠA. Amare senza speranza, continuare ad aspettare per anni qualcosa... Ma una volta sposata, non avrò più tempo per pensare all'amore, nuove sollecitudini metteranno a tacere tutto ciò che è vecchio. Dopotutto, sapete, è un cambiamento. Ne beviamo un altro?

TRIGÓRIN. Ma non sarà troppo?

MAŠA. Ma no! (*Riempie i bicchierini.*) Non mi guardate così. Le donne bevono più spesso di quanto voi pensiate. Una minoranza beve apertamente come me, mentre la maggioranza lo fa in segreto. Sì. E sempre vodka o cognac. (*Fa un brindisi.*) Alla vostra! Siete una persona semplice, mi dispiace separarmi da voi.

Bevono.

TRIGÓRIN. Neanch'io ho voglia di partire.

MAŠA. Allora chiedetele di restare.

TRIGÓRIN. No, adesso non resta più. Suo figlio si comporta senza nessun tatto. Prima si spara, e ora, dicono, intende sfidarmi a duello. E per che cosa? Tiene il broncio, sbuffa, predica forme nuove… Ma ce n'è di posto, e per le nuove e per le vecchie – perché fare a spinte?

MAŠA. Beh, anche la gelosia. Del resto, non è affar mio.

Pausa.

Âkov passa da sinistra a destra con una valigia: entra Nina e si ferma vicino alla finestra.

MAŠA. Il mio maestro non è chissà quale mente brillante, ma è un brav'uovo e povero, e mi ama tanto. Mi fa compassione. Anche la sua vecchia madre mi fa compassione. Bene, permettetemi di augurarvi ogni bene. Conservate un bel ricordo di me. (*Gli stringe forte la mano.*) Vi ringrazio molto per la vostra buona disposizione. E mandatemi i vostri libricini, e vi raccomando l'autografo. Solo, non scrivete «alla gentilissima», ma semplicemente «A Màr'â, che non ha discendenza alcuna e non si sa perché viva a questo mondo». Addio! (*Esce.*)

NINA. (*Protende la mano chiusa a pugno verso*

Trigórin.) Pari o dispari?

TRIGÓRIN. Pari.

NINA. (*Tira un sospiro.*) Sbagliato. In mano ho un pisello solo. La decisione era: fare o non fare l'attrice? Se qualcuno mi desse un consiglio.

TRIGÓRIN. Di questi consigli non se ne possono dare.

Pausa.

NINA. Noi ci separiamo e... probabilmente non ci vedremo più. Vi prego di accettare come ricordo questo piccolo medaglione. Ho fatto incidere le vostre iniziali... e su questo lato c'è il titolo del vostro libricino: «I giorni e le notti».

TRIGÓRIN. Che grazioso! (*Poggia le labbra sul medaglione.*) Un regalo adorabile!

NINA. Qualche volta ricordatevi di me.

TRIGÓRIN. Mi ricorderò. Mi ricorderò di voi, di come era quel giorno luminoso – ricordate? – una settimana fa, quando indossavate quel vestito chiaro... stavamo parlando... sulla panchina giaceva ancora il gabbiano bianco.

NINA. (*Pensierosa.*) Sì, il gabbiano...

Pausa.

Non possiamo più parlare, arriva qualcuno... Prima che partiate, datemi due minuti, vi scongiuro... (*Esce a sinistra.*)

Da destra entrano contemporaneamente Arkàdina, Sórin in frac con una stella, poi Âkov, preoccupato per il carico dei bagagli.

ARKÀDINA. Resta a casa, vecchio mio. Con i tuoi reumatismi vuoi andare in giro a fare visite? (*A Trigórin.*) Chi c'era qui? Nina?

TRIGÓRIN. Sì.

ARKÀDINA. Pardon, abbiamo interrotto qualcosa... (*Si siede.*) Credo di aver preparato tutto. Sono esausta.

TRIGÓRIN. (*Legge sul medaglione.*) «I giorni e le notti», pagina 121, righe 11 e 12.

ÂKOV. (*Sparecchia la tavola.*) Ordinate di caricare anche le canne da pesca?

TRIGÓRIN. Sì, mi serviranno ancora. I libri, invece, dalli a chi vuoi.

ÂKOV. Sissignore.

TRIGÓRIN. (*Fra sé.*) Pagina 121, righe 11 e 12. Che c'è in quelle righe? (*Ad Arkàdina.*) Ci sono i miei libri qui in casa?

ARKÀDINA. Nello studio di mio fratello, nella credenza ad angolo.

TRIGÓRIN. Pagina 121... (*Esce.*)

ARKÀDINA. Davvero, Petrùša, dovresti restare a casa...

SÓRIN. Voi partite, mi sarà dura restare a casa senza di voi.

ARKÀDINA. Ma cosa c'è in città?

SÓRIN. Niente di speciale, ma va be'. (*Ride.*) Ci sarà la posa della prima pietra del Zemstvo e tutto quanto... Mi fa piacere, almeno per un'ora o due, allontanarmi da questa vita da gobione, se no me ne sto qui come un vecchio bocchino. Ho ordinato di attaccare i cavalli, per l'una partiamo.

ARKÀDINA. (*Dopo una pausa.*) Ma via, rimani qui, non rattristarti, non raffreddarti. Tieni d'occhio mio figlio. Prenditi cura di lui. Fagli da mentore.

Pausa.

Ecco, io me ne vado senza nemmeno sapere per quale motivo Konstantìn si sia sparato. Credo che il motivo principale sia la gelosia, e prima porto via Trigórin di qui, meglio è.

SÓRIN. Come dirtelo? C'erano anche altri motivi. È una cosa comprensibile, è giovane, intelligente, vive in campagna, in mezzo al nulla, senza un soldo, senza una posizione, senza un futuro. Non ha niente da fare. Si vergogna, ha paura di questo suo oziare. Io gli voglio un bene dell'anima, e lui è molto legato a me, ma eppure, in fin dei conti, si sente superfluo qui, un parassita, un mantenuto. È una cosa comprensibile, l'amor proprio...

ARKÀDINA. Mi dà solo problemi! (*Sovrappensiero.*) Se solo trovasse un impiego, che so...

SÓRIN. (*Fischietta; poi esita un attimo.*) Credo che sarebbe meglio se tu... gli dessi un po' di soldi. Prima di tutto deve vestirsi come un essere umano e tutto quanto. Guarda, sono tre anni che porta la stessa redingotuccia, non ha neanche un cappotto... (*Ride.*) E anche spassarsela un po' non guasterebbe... Un viaggio all'estero, che so... Ma sì, che ti costa?

ARKÀDINA. Comunque... Un vestito penso di potermelo ancora permettere, ma un viaggio all'estero... No, in questo momento non posso neanche comprare un vestito. (*Senza esitazione.*) Non ho soldi!

Sórin ride.

No!

SÓRIN. (*Fischietta.*) Va bene. Scusami, cara, non arrabbiarti. Ti credo... Tu sei una donna nobile, generosa.

ARKÀDINA. (*Tra le lacrime.*) Non ho soldi!

SÓRIN. Se avessi soldi, è ovvio, glieli darei io stesso, ma non ne ho, neanche un centesimo. (*Ride.*) La mia pensione se la prende tutta l'amministratore e la spende per l'agricoltura, l'allevamento del bestiame, l'apicoltura: e il mio denaro va perso. Le api muoiono, le mucche muoiono, i cavalli non me li danno mai...

ARKÀDINA. Sì, i soldi ce li ho ma, ecco, sono un'artista; solo le toilette mi mandano in bancarotta.

SÓRIN. Sei buona, sei cara... Io ti rispetto... Sì... Ma di nuovo mi sta succedendo qualcosa... (*Barcolla.*) Ho le vertigini. (*Si aggrappa al tavolo.*) Mi sento male e tutto quanto.

ARKÀDINA. (*Spaventata.*) Petrùša! (*Cerca di sorreggerlo.*) Petrùša, mio caro... (*Grida.*) Aiutatemi! Aiuto!..

Entrano Treplëv con una benda alla testa e Medvedénko.

Si sente male!

SÓRIN. Non è niente, non è niente... (*Sorride e beve un po' d'acqua.*) È già passato... e tutto quanto...

TREPLËV. (*Alla madre.*) Non spaventarti mamma, non c'è da preoccuparsi. Ultimamente capita spesso allo zio. (*Allo zio.*) Tu, zio, hai bisogno di sdraiarti.

SÓRIN. Un poco, sì... Però in città ci vado... Mi sdraio e poi vado... è ovvio... (*Esce, appoggiandosi al bastone.*)

MEDVEDÉNKO. (*Lo accompagna tenendolo sottobraccio.*) C'è un indovinello che fa: al mattino su quattro, a mezzogiorno su due, alla sera su tre...

SÓRIN. (*Ride.*) Precisamente. E di notte sulla schiena. Grazie, posso camminare da solo...

MEDVEDÉNKO. Su, niente cerimonie!..

Lui e Sórin escono.

ARKÀDINA. Che spavento mi ha fatto prendere!

TREPLËV. Non gli fa bene vivere in campagna. Si rattrista. Ecco, se solo tu, mamma, diventassi improvvisamente generosa e gli prestassi mille o duemila rubli, potrebbe vivere in città tutto l'anno.

ARKÀDINA. Non ho soldi. Sono un'attrice, non un banchiere.

Pausa.

TREPLËV. Mamma, cambiami la fasciatura. Lo fai così bene.

ARKÀDINA. (*Prende dall'armadietto dei medicinali lo iodoformio e la cassetta per la fasciatura.*) Il medico è in ritardo.

TREPLËV. Aveva promesso di essere qui alle dieci, ma è già mezzogiorno.

ARKÀDINA. Siediti. (*Gli toglie la benda dalla testa.*) Sembra che tu abbia un turbante. Ieri un estraneo ha chiesto in cucina di che nazionalità sei. Vedo che la ferita è quasi completamente cicatrizzata. Non si vede quasi più niente. (*Lo bacia sulla testa.*) Però quando non sarò qui non farai mica di nuovo pum-pum?

TREPLËV. No, mamma. È stato un momento di folle disperazione in cui ho perso il controllo. Non si ripeterà più. (*Le bacia la mano.*) Hai le mani d'oro. Ricordo, tanto tempo fa, quando recitavi ancora sulle scene imperiali – io ero piccolo – nel cortile ci fu una rissa, picchiarono una lavandaia che abitava lì. Ricordi? La raccolsero che era svenuta... tu andavi sempre a trovarla, le portavi le medicine, lavavi i suoi bambini nella tinozza. Possibile che non ricordi?

ARKÀDINA. No. (*Avvolge la benda nuova.*)

TREPLËV. Allora abitavano nella stessa casa anche due ballerine... Venivano a bere il caffè...

ARKÀDINA. Questo lo ricordo.

TREPLËV. Erano così devote.

Pausa.

Da qualche tempo, specie in questi ultimi giorni, io ti voglio bene con la stessa dedizione, la stessa tenerezza di quando ero bambino. Oltre a te non mi è rimasto nessuno. Solo, perché, perché quell'uomo si è messo tra me e te?

ARKÀDINA. Tu non lo capisci, Konstantìn. È un uomo nobile d'animo...

TREPLËV. Eppure quando gli hanno detto che volevo sfidarlo a duello, la nobiltà d'animo non gli ha impedito di fare il vigliacco. Va via. Che fuga vergognosa!

ARKÀDINA. Che assurdità! Sono io a portarlo via da qui. La nostra intimità può non piacerti, certo, ma sei sveglio e intelligente, e io ho tutto il diritto di esigere che tu rispetti la mia libertà.

TREPLËV. Io rispetto la tua libertà, ma anche tu devi lasciarmi libero di trattare quell'uomo come mi pare. Un uomo nobile d'animo! Noi quasi litighiamo a causa sua, e lui intanto non so dove, se in giardino o in salotto, ride di me e di te, se la spassa con Nina, cerca di convincerla definitivamente che lui è un genio.

ARKÀDINA. Provi gusto a dirmi cose sgradevoli. Io stimo quest'uomo e ti prego di non parlar male di lui in mia presenza.

TREPLËV. Io invece non lo stimo. Vorresti che anche io lo considerassi un genio, ma, scusami, io non so mentire, le sue opere mi disgustano.

ARKÀDINA. È tutta invidia. Alle persone senza talento, ma presuntuose non resta altro che criticare i veri talenti. Non c'è niente da dire, una consolazione!

TREPLËV. (*Ironico.*) I veri talenti! (*Arrabbiato.*) Io ho più talento di tutti voi, se lo vuoi sapere! (*Si strappa la benda dalla testa.*) Voi siete schiavi della routine, vi siete impadroniti del primato nell'arte e considerate legittimo e vero solo ciò che fate voi, mentre il resto lo calpestate e lo soffocate! Io non vi riconosco! Non riconosco né te né lui!

ARKÀDINA. Decadente!..

TREPLËV. Torna al tuo caro teatro e recita pure le tue pièce mediocri e patetiche.

ARKÀDINA. Io non ho mai recitato pièce del genere. Lasciami in pace! Tu non saresti in grado di scrivere neanche uno squallido vaudeville. Piccoloborghese di Kiev! Parassita!

TREPLËV. Spilorcia!

ARKÀDINA. Straccione!

Treplëv si siede e piange in silenzio.

Buono a nulla! (*Passeggia agitata.*) Non piangere. Non c'è bisogno di piangere... (*Piange.*) Non bisogna... (*Gli dà un bacio sulla fronte, sulle guance, sulla testa.*) Figlio caro, scusami... Perdona questa tua madre riprovevole. Perdona questa madre arida.

TREPLËV. (*La abbraccia.*) Se solo sapessi!

Ho perso tutto. Lei non mi ama, io non riesco più a scrivere... tutte le mie speranze sono andate perdute...

ARKÀDINA. Non disperare... Tutto si risolve. Ora lo porto via e lei ti amerà di nuovo. (*Gli asciuga le lacrime.*) Andrà così. Abbiamo già fatto pace.

TREPLËV. (*Le bacia la mano.*) Sì, mamma.

ARKÀDINA. (*Dolcemente.*) Fa' pace anche con lui. Non c'è bisogno di batterlo a duello... Che bisogno c'è?

TREPLËV. Va bene... Solo, mamma, permettimi di non incontrarlo. Mi vien difficile... è più forte di me. (*Entra Trigórin.*) Ecco... Me ne vado... (*Ripone velocemente le medicine nell'armadietto.*) E la fasciatura me la rifà il dottore.

TRIGÓRIN. Pagina 121... righe 11 e 12... Ecco... (*Legge.*) «Se mai avrai bisogno della mia vita, vieni e prendila».

Treplëv raccoglie la fasciatura da terra ed esce.

ARKÀDINA. (*Guarda l'orologio.*) I cavalli saranno qui a breve.

TRIGÓRIN. (*Fra sé.*) Se mai avrai bisogno della mia vita, vieni e prendila.

ARKÀDINA. Hai preparato tutto, spero.

TRIGÓRIN. (*Insofferente.*) Sì, sì... (*Sovrappensiero.*) Come mai in questo richiamo di un'anima pura, sento tutto questo tormento e il cuore mi si stringe così dolorosamente?.. Se mai avrai bisogno della mia vita, vieni e prendila. (*Ad Arkàdina.*)

Restiamo ancora un giorno!

Arkàdina scuote la testa in segno di dissenso.

Restiamo!

ARKÀDINA. Mio caro, io so che cosa ti trattiene qui. Ma cerca di controllarti. Non sei in te, riprenditi.

TRIGÓRIN. Anche tu, cerca di essere lucida, comprendimi, sii ragionevole, ti prego, guarda la situazione da vera amica... (*Le afferra la mano.*) Tu sei capace di sacrifici... Sii mia amica, lasciami fare...

ARKÀDINA. (*Molto agitata.*) Sei così innamorato?

TRIGÓRIN. Sono attratto da lei! Forse è proprio quello di cui ho bisogno.

ARKÀDINA. L'amore di una ragazza di provincia? Oh, come conosci poco te stesso!

TRIGÓRIN. A volte la gente sogna ad occhi aperti, ecco io parlo con te, ma è come se dormissi e vedessi lei in sogno... Sono preso da sogni dolci, magnifici... Lasciami...

ARKÀDINA. (*Trema.*) No, no... Io sono una donna comune, non puoi parlarmi così... Non tormentarmi Borìs... Ho paura...

TRIGÓRIN. Se vuoi, puoi essere fuori dal comune. Un amore giovane, incantevole, poetico, che ci trasporti in un mondo di fantasia, – sulla terra solo questo può dare la felicità! Un amore così non l'ho mai provato... In giovinezza non avevo tempo, correvo da una redazione all'altra, lottavo con la miseria... e ora eccolo qui, quest'amore, finalmente è arrivato, chiama... Che senso ha rifuggirlo?

ARKÀDINA. (*Con rabbia.*) Sei impazzito!

TRIGÓRIN. Può darsi.

ARKÀDINA. Oggi vi siete messi tutti d'accordo per tormentarmi (*Piange.*)

TRIGÓRIN. (*Si prende la testa tra le mani.*) Non capisce! Non vuole capire!

ARKÀDINA. Sono già così vecchia e così brutta, da potermi parlare senza riguardo di altre donne? (*Lo abbraccia e lo bacia.*) Oh, tu hai perduto la testa! Mio meraviglioso, magnifico... Tu, ultima pagina della mia vita! (*Si mette in ginocchio.*) Mia gioia, mio orgoglio, mia felicità... (*Gli abbraccia le ginocchia.*) Se mi lasci anche solo per un'ora, non sopravviverò, impazzirò, mio splendore, mio magnifico, mio signore...

TRIGÓRIN. Potrebbe venire qualcuno. (*La aiuta ad alzarsi.*)

ARKÀDINA. E sia, io non mi vergogno del mio amore per te. (*Gli bacia le mani.*) Tesoro mio, sconsiderato, tu vuoi fare follie, ma io non voglio, non lo permetterò... (*Ride.*) Sei mio... sei mio... E questa fronte è mia, e gli occhi sono miei, e pure questi meravigliosi capelli di seta sono miei... Tu sei tutto mio. Sei così talentoso, intelligente, il migliore di tutti gli scrittori contemporanei, sei l'unica speranza della

Russia... In te c'è così tanta sincerità, naturalezza, freschezza, sano umorismo... Riesci, in un unico tratto, a catturare l'essenza di un volto o di un paesaggio, i tuoi soggetti sono come vivi. Oh, è impossibile leggerti senza entusiasmo! Credi che io ti incensi? Che siano solo lusinghe? Beh, guardami negli occhi... guardami... Ti sembro una bugiarda? Ecco vedi, solo io so apprezzarti; solo io ti dico la verità, mio caro, incantevole... Partirai con me? Sì? Non mi abbandonerai?..

TRIGÓRIN. Non ho una volontà mia... Non ho mai avuto una mia volontà... Pigro, arrendevole, sempre obbediente – come può tutto questo piacere a una donna? Prendimi, portami via, ma non staccarti da me nemmeno un istante...

ARKÀDINA. (*Tra sé.*) Adesso è mio. (*Con fare disinvolto, come se non fosse successo nulla.*) Comunque, se vuoi, puoi restare. Partirò da sola, mentre tu verrai dopo, tra una settimana. In verità, perché affrettarsi?

TRIGÓRIN. No, partiamo insieme.

ARKÀDINA. Come vuoi. Insieme, allora insieme...

Pausa.

Trigórin annota qualcosa sul libricino.

Che cosa scrivi?

TRIGÓRIN. Stamattina ho sentito una bella espressione: «Foresta vergine»... Può tornare utile. (*Si stiracchia.*) Allora, si parte?

Ancora vagoni, stazioni, buffet, polpette, chiacchiere...

ŠAMRÀEV. (*Entra.*) Ho l'onore di annunciare, con rammarico, che i cavalli son pronti. È ora di andare alla stazione, stimatissima; il treno arriva alle due e cinque. Allora, Irina Nikolàevna, fatemi il favore, non dimenticatevi di cercare informazioni sull'attore Suzdal'cev. Dove si trova? Se è vivo? Se è vegeto? Qualche volta ci siamo fermati a bere... In «La rapina all'ufficio postale» recitava in maniera impeccabile... Ricordo che allora con lui recitava il tragico Izmàjlov, altra personalità di spicco... Non abbiate fretta, stimatissima, abbiamo ancora cinque minuti. Una volta, in un melodramma, facevano la parte dei cospiratori e quando all'improvviso li beccavano, dovevano dire: «Siamo caduti nella trappola», e invece Izmàjlov disse: «Siamo caduti nella trippola». (*Ride.*) Nella trippola!..

Mentre parla, Âkov si occupa delle valigie, la cameriera porta alla Arkàdina il cappello, il mantello, l'ombrello, i guanti; tutti aiutano Arkàdina a vestirsi. Dalla porta di sinistra si affaccia il cuoco, che, dopo un po', entra titubante. Entrano anche Polìna Andréevna, poi Sórin e Medvedénko.

POLÌNA ANDRÉEVNA. (*Con un cestino di vimini.*) Ecco qualche prugna per il viaggio... Sono molto dolci. Se mai vi venisse fame...

ARKÀDINA. Siete molto cara, Polìna Andréevna.

POLÌNA ANDRÉEVNA. Addio, mia cara! Se c'è stato qualche disguido, perdonatemi. (*Piange.*)

ARKÀDINA. (*La abbraccia.*) Tutto bene, tutto bene. Ma piangere, adesso, non serve a nulla.

POLÌNA ANDRÉEVNA. Il tempo fugge!

ARKÀDINA. Che farci!

SÓRIN. (*In cappotto con mantellina, con cappello e bastone, esce da sinistra; attraversando la stanza.*) Sorella, dobbiamo andare se non vogliamo fare tardi, in fin dei conti. Vado a prendere posto. (*Esce.*)

MEDVEDÉNKO. Io, invece, mi avvio a piedi alla stazione... così vi saluto. Sono svelto io... (*Esce.*)

ARKÀDINA. Arrivederci, miei cari... Se saremo vivi e in buona salute, ci rivedremo la prossima estate...

La cameriera, Âkov e il cuoco le baciano la mano.

Non dimenticatevi di me. (*Dà un rublo al cuoco.*) Ecco un rublo per tutti e tre.

CUOCO. La ringraziamo umilmente, signora. Fate buon viaggio! Siamo molto riconoscenti!

ÂKOV. Che Dio vi accompagni!

ŠAMRÀEV. Scriveteci qualcosina ogni

tanto! Addio Borìs Alekséevič!

ARKÀDINA. Dov'è Konstantìn? Ditegli che sto partendo. Dobbiamo salutarci. Beh, non me ne vogliate. (*A Âkov.*) Ho dato un rublo al cuoco. È per tutti e tre.

Tutti escono a destra. La scena è vuota. Dietro le quinte si sente il rumore di quando si parte. La cameriera rientra per prendere dal tavolo il cesto di prugne, ed esce di nuovo.

TRIGÓRIN. (*Torna indietro.*) Ho dimenticato il mio bastone. Forse l'ho lasciato in terrazza.

Si avvia e alla porta di sinistra incontra Nina, che sta uscendo.

Siete voi? Noi partiamo...

NINA. Sentivo che ci saremmo rivisti. (*Eccitata.*) Borìs Alekséeevič, ho preso una decisione irrevocabile, il dado è tratto, il teatro sarà la mia vita. Domani non sarò più qui, lascio mio padre, lascio tutto, inizio una nuova vita... Parto, come voi... per Mosca. Ci vedremo lì.

TRIGÓRIN. (*Guardandosi attorno.*) Alloggiate allo «Slavânskij Bazar[4]»... Fatemelo sapere subito... via Molčanovka, casa Grohol'skij... Devo proprio andare...

Pausa.

NINA. Ancora un minuto...

TRIGÓRIN. (*Sottovoce.*) Siete meravigliosa... Oh, che gioia pensare che ci

---

[4]**Storico albergo di Mosca.**

rivedremo presto!

Si appoggia al suo petto.

Rivedrò questi occhi incantevoli, questo sorriso indicibilmente meraviglioso e dolce... questi lineamenti gentili, questa espressione di purezza angelica... Mia cara...

Lungo bacio.

Sipario.

Tra gli atti terzo e quarto passano due anni.

ATTO QUARTO

Uno dei salotti in casa Sórin, trasformato da Konstantìn Treplëv in uno studio. A destra e a sinistra ci sono le porte che conducono alle stanze interne. Una porta a vetri che dà direttamente sul terrazzo. Oltre ai soliti mobili da salotto, c'è uno scrittoio nell'angolo destro, un divano alla turca accanto alla porta sinistra, un armadietto con dei libri, libri appoggiati sui davanzali delle finestre, sulle sedie. – È sera. Una lampada a olio è accesa. C'è penombra. Si sentono gli alberi frusciare e il vento ululare nei camini. Il guardiano bussa. Entrano Medvedénko e Maša.

MAŠA. (*Chiamando.*) Konstantìn Gavrìlič! Konstantìn Gavrìlič! (*Guardandosi attorno.*) Non c'è nessuno. Il vecchio ogni momento domanda dov'è Kostâ, dov'è Kostâ... Non può vivere senza di lui...

MEDVEDÉNKO. Ha paura di restare da solo. (*Si mette in ascolto.*) Che tempo orribile!

È da due giorni che è così.

MAŠA. (*Alza la fiamma della lampada.*) E che onde sul lago. Gigantesche.

MEDVEDÉNKO. In giardino è buio. Si dovrebbe far smantellare quel teatro in giardino. Sta lì nudo, raccapricciante, come uno scheletro, e il sipario sbatte per il vento. Quando ieri sera ci sono passato vicino, mi è sembrato che qualcuno piangesse.

MAŠA. Ma dai...

Pausa.

MEDVEDÉNKO. Andiamo a casa, Maša!

MAŠA. (*Scuote la testa in segno di dissenso.*) Passerò la notte qui.

MEDVEDÉNKO. (*Supplichevole.*) Maša, andiamo! Il bambino avrà fame.

MAŠA. Sciocchezze. C'è Matrëna che gli dà da mangiare.

Pausa.

MEDVEDÉNKO. Poverino. È da tre notti che sta senza la madre.

MAŠA. Che noioso sei diventato. Prima almeno filosofavi, invece adesso non fai altro che ripetere bambino, a casa, bambino, a casa – non sento nient'altro da te.

MEDVEDÉNKO. Andiamo, Maša!

MAŠA. Vacci da solo.

MEDVEDÉNKO. Tuo padre non mi dà i cavalli.

MAŠA. Te li dà. Tu chiediglieli, che te li dà.

MEDVEDÉNKO. E va bene, glieli

chiedo. Quindi vieni domani?

MAŠA. (*Fiuta tabacco.*) Va bene, domani sì. Sei assillante...

Entrano Treplëv e Polina Andréevna; Treplëv porta dei cuscini e una coperta, Polina Andréevna delle lenzuola; appoggiano tutto sul divano alla turca, poi Treplëv va allo scrittoio e si siede.

Che fai, mamma?

POLÌNA ANDRÉEVNA. Pëtr Nikolàevič ha chiesto di fargli il letto vicino a Kostâ.

MAŠA. Lascia fare a me... (*Fa il letto.*)

POLÌNA ANDRÉEVNA. (*Tira un sospiro.*) Il vecchio è come un bambino... (*Si avvicina allo scrittoio e, appoggiandosi, guarda un manoscritto.*)

Pausa.

MEDVEDÉNKO. Allora io vado. Arrivederci, Maša. (*Bacia la mano alla moglie.*) Vi saluto, mammina. (*Fa per baciare la mano alla suocera.*)

POLÌNA ANDRÉEVNA. (*Infastidita.*) Allora! Va' con Dio.

MEDVEDÉNKO. Vi saluto, Konstantìn Gavrìlič.

Treplëv gli dà la mano in silenzio; Medvedénko esce.

POLÌNA ANDRÉEVNA. (*Guardando il manoscritto.*) Nessuno pensava o immaginava che voi, Kostâ, sareste diventato un vero scrittore. Ma, grazie a Dio, le riviste hanno iniziato anche a pagarvi. (*Gli passa una mano tra i capelli.*) E vi siete fatto anche bello… Mio caro, mio buon Kostâ, siate un po' più tenero con la mia piccola Maša!..

MAŠA. (*Facendo il letto.*) Lasciatelo in pace, mamma.

POLÌNA ANDRÉEVNA. (*A Treplëv.*) È una brava ragazza.

Pausa.

A una donna, Kostâ, non occorre nient'altro che uno sguardo affettuoso. Fidati, lo so bene io.

Treplëv si alza dallo scrittoio ed esce in silenzio.

MAŠA. Ecco, si è innervosito. Che bisogno c'era di assillarlo!

POLÌNA ANDRÉEVNA. Sono in pena per te, Màšen'ka.

MAŠA. Grande consolazione!

POLÌNA ANDRÉEVNA. Soffro a vederti così. Io vedo tutto, capisco tutto.

MAŠA. Tutte stupidaggini. L'amore senza speranza esiste solo nei romanzi. Sciocchezze. L'importante è non struggersi e aspettare, non so, aspettare che l'erba cresca… Quando l'amore si annida nel cuore, bisogna liberarsene. Hanno promesso di trasferire mio marito in un altro distretto. Appena ci trasferiremo lì, dimenticherò tutto… sradicherò quell'amore.

Due stanze avanti suonano un valzer malinconico.

POLÌNA ANDRÉEVNA. Kostâ sta

suonando. Vuol dire che è triste.

MAŠA. (*Fa in silenzio due o tre giri di valzer.*) L'essenziale, mamma, è non averlo davanti agli occhi. Quando daranno il trasferimento al mio Semën, credetemi, in un mese l'avrò dimenticato. Sono tutte sciocchezze.

Si apre la porta di sinistra, Dorn e Medvedénko spingono la poltrona di Sórin.

MEDVEDÉNKO. Adesso in casa siamo sei. E la farina sta sette grivne a sacco.

DORN. Bisogna ingegnarsi.

MEDVEDÉNKO. Avete voglia di ridere. I soldi da voi non li beccano certo le galline.

DORN. Soldi? In trent'anni di lavoro, amico mio, di lavoro senza sosta, durante il quale né di giorno né di notte avevo un attimo per me stesso, sono riuscito a racimolare soltanto duemila rubli. E li ho spesi non molto tempo fa all'estero. Non ho più nulla.

MAŠA. (*Al marito.*) Non eri andato via?

MEDVEDÉNKO. (*Con aria colpevole.*) Che devo fare? Se non mi danno i cavalli!

MAŠA. (*Con amaro disappunto, sottovoce.*) Che i miei occhi possano non vederti!

La poltrona viene fermata nella parte sinistra della stanza; Polìna Andréevna, Maša e Dorn si siedono accanto; Medvedénko, amareggiato, si fa da parte.

DORN. Quanti cambiamenti avete fatto! Il salotto l'avete trasformato in uno studio.

MAŠA. Qui Konstantìn Gavrìlič lavora

più comodamente. Quando vuole, può uscire in giardino a pensare.

Il guardiano bussa.

SÓRIN. Dov'è mia sorella?

DORN. È andata alla stazione a prendere Trigórin. Sarà presto di ritorno.

SÓRIN. Se avete ritenuto necessario far venire qui mia sorella, vuol dire che sono gravemente malato. (*Dopo una pausa.*) Quest'è, sono gravemente malato, eppure non mi si danno medicine.

DORN. Cos'è che volete? Gocce di valeriana? Bicarbonato? China?

SÓRIN. Ecco che inizia con la filosofia. Che castigo! (*Facendo cenno col capo verso il divano.*) L'hanno fatto il letto per me?

POLÌNA ANDRÉEVNA. Certo che sì, Pëtr Nikolàevič.

SÓRIN. Vi ringrazio.

DORN. (*Canticchia.*) «Di notte la luna fluttua in ciel...»

SÓRIN. Ecco, voglio dare a Kostâ un soggetto per un racconto. Deve intitolarsi così: «L'uomo che ha voluto». «*L'homme qui a voulu*». Un tempo, da giovane volevo diventare un letterato – e non lo sono diventato; volevo essere bravo con le parole – e ho sempre parlato in modo ripugnante (si prende in giro da solo): «e questo è, e tutto il resto, questo e quello» e, una volta, portavi un resumé, lo prendevi, eri anche sudato; volevo sposarmi – e non mi sono sposato; ho sempre voluto vivere in città e finisco la mia vita in campagna, e questo è.

DORN. Volevo diventare consigliere di stato effettivo – e lo sono diventato.

SÓRIN. (*Ride.*) Non aspiravo a questo. È venuto da sé.

DORN. Esprimere insoddisfazione per la vita a sessantadue anni, convenìtene, – non è nobile.

SÓRIN. Che ostinato. Capitemi, ho voglia di vivere!

DORN. Questo è prendere le cose con leggerezza. Secondo la legge di natura, ogni vita deve avere una fine.

SÓRIN. Voi ragionate come un uomo sazio. Siete sazio e quindi siete indifferente alla vita, non vi importa. Ma morire anche a voi farà paura.

DORN. La paura della morte è una paura animale... bisogna reprimerla. Temono consapevolmente la morte solo coloro che credono nella vita eterna e hanno paura dei loro peccati. Ma voi, in primis, siete un miscredente, e poi – quali sono i vostri peccati? Che per venticinque anni siete stato impiegato al dipartimento di giustizia – questo è tutto.

SÓRIN. (*Ride.*) Ventotto...

Treplëv esce e si siede su uno sgabello ai piedi di Sórin. Maša non gli toglie gli occhi di dosso.

DORN. Stiamo disturbando Konstantìn Gavrìlovič che sta lavorando.

TREPLËV. Ma no, niente.

Pausa.

MEDVEDÉNKO. Permettetemi una domanda, dottore, quale città estera vi è piaciuta di più?

DORN. Genova.

TREPLËV. Perché Genova?

DORN. Lì c'è una folla magnifica per le strade. Quando esci di sera dall'albergo, tutte le strade sono gremite di gente. Ti muovi tra la folla senza alcuno scopo, su e giù, un po' a caso, ci vivi insieme, ti ci fondi insieme psichicamente e cominci a credere che, in verità, sia possibile un'anima universale unica, come quella che una volta ha interpretato Nina Zaréčnaâ nella vostra pièce. A proposito, dov'è finita la Zaréčnaâ? Dov'è e come sta?

TREPLËV. In buona salute, credo.

DORN. Mi hanno detto che ha condotto una vita particolare. Cosa è successo?

TREPLËV. È una storia lunga, dottore.

DORN. E voi raccontatela in breve.

Pausa.

TREPLËV. È scappata di casa ed è tornata insieme a Trigórin. Lo sapevate?

DORN. Lo so.

TREPLËV. Ha avuto un bambino. Il bambino è morto. Trigórin non l'amava più ed è tornato ai suoi affetti di prima, come c'era da aspettarsi. Del resto, lui non li ha mai abbandonati, e per mancanza di carattere si è barcamenato tra l'uno e l'altro. Da quanto ho capito, da ciò che so, la vita privata di Nina è stata un completo fallimento.

DORN. E il teatro?

TREPLËV. Sembra, ancora peggio. Ha debuttato vicino a Mosca, al teatro di un villaggio di dacie, poi è andata in provincia. All'epoca non la perdevo di vista e per qualche tempo dove era lei, ero io. Ha ottenuto tutti ruoli importanti, ma recitava in modo rozzo, senza gusto, con ululati, con gesti bruschi. C'erano momenti in cui gridava con talento, e moriva con talento, ma erano solo momenti.

DORN. Quindi, c'è del talento dopotutto?

TREPLËV. Difficile a dirsi. Probabilmente sì. Io andavo a trovarla, ma lei non voleva vedermi, e la domestica non mi faceva entrare nella sua stanza d'albergo. Io capivo il suo stato d'animo e non insistevo per incontrarla.

Pausa.

Che altro dirvi? Poi, una volta tornato a casa, ho ricevuto delle lettere da lei. Lettere intelligenti, calorose, interessanti; lei non si lamentava, ma io sentivo che era profondamente infelice; ogni riga era un nervo dolente, teso. Anche la sua immaginazione era un po' sconvolta. Si firmava «Il gabbiano». Nella «Rusalka» il mugnaio dice di essere un corvo, così lei nelle sue lettere continuava a ripetere di essere un gabbiano. Ora è qui.

DORN. Come, è qui?

TREPLËV. In città, alla locanda. Sono già cinque giorni che ha una stanza lì. Io andrei a trovarla, ed ecco Màr'â Il'inišna c'è andata, ma lei non riceve nessuno. Semën Semënovič mi assicura di averla vista ieri sera dopo cena nei campi, a due verste da qui.

MEDVEDÉNKO. Sì, l'ho vista. Camminava in quella direzione, verso la città. L'ho salutata, le ho domandato come mai non viene a trovarci. Ha detto che verrà.

TREPLËV. Non verrà.

Pausa.

Il padre e la matrigna non vogliono conoscerla. Hanno messo guardie ovunque per impedirle anche solo di avvicinarsi alla tenuta. (*Si allontana col dottore verso la scrivania.*) Com'è facile, dottore, essere filosofi sulla carta, e com'è difficile nella pratica!

SÓRIN. Era una ragazza incantevole.

DORN. Come dite?

SÓRIN. Incantevole, vi dico, era una ragazza. Il consigliere di Stato Sórin in persona un tempo è stato perfino innamorato di lei.

DORN. Vecchio Lovelace.

Si sente la risata di Šamràev.

POLÌNA ANDRÉEVNA. A quanto pare, i nostri sono arrivati dalla stazione...

TREPLËV. Sì, sento la mamma.

Entrano Arkàdina, Trigórin, dietro di loro Šamràev.

ŠAMRÀEV. (*Entrando.*) Invecchiamo tutti, svaniamo sotto l'influenza degli elementi, e voi, mia stimatissima, siete ancora giovane... Camicetta chiara, vivacità... grazia...

ARKÀDINA. Volete di nuovo portarmi sfortuna, noiosone!

TRIGÓRIN. (*A Sórin.*) Salve, Pëtr Nikolàevič! Perché continuate a star male? Non va bene! (*Contento, dopo aver visto Maša.*) Màr'â Il'ìnična!

MAŠA. Mi avete riconosciuto? (*Gli stringe la mano.*)

TRIGÓRIN. Sposata?

MAŠA. Da tempo.

TRIGÓRIN. Felice? (*Si saluta con Dorn e Medvedénko, poi si avvicina indeciso a Treplëv.*) Irina Nikolàevna diceva che avete dimenticato le cose vecchie e avete smesso di arrabbiarvi.

Treplëv gli porge la mano.

ARKÀDINA. (*Al figlio.*) Ecco Borìs Alekséevič ha portato il giornale col tuo nuovo racconto.

TREPLËV. (*Accettando la mano, a Trigòrin.*) Vi ringrazio. Siete molto gentile.

Si siedono.

TRIGÓRIN. I vostri ammiratori vi

mandano un saluto... A Pietroburgo e a Mosca in generale si interessano a voi e tutti mi domandano di voi. Domandano: com'è, quanti anni ha, bruno o biondo. Pensano tutti, per qualche ragione, che non siate più giovane. E nessuno conosce il vostro vero cognome, dal momento che vi pubblicate sotto pseudonimo. Siete misterioso come la Maschera di ferro.

TREPLËV. Rimanete a lungo da noi?

TRIGÓRIN. No, penso che domani andrò a Mosca. Devo. Ho fretta di finire un romanzo e poi ho anche promesso di dare qualcosa per un'antologia. Insomma – la solita storia.

Mentre parlano, Arkàdina e Polina Andréevna mettono un tavolo da gioco al centro della stanza e lo aprono; Šamràev accende le candele, mette le sedie. Tirano fuori dall'armadietto la tombola.

Il tempo è stato sgarbato ad accogliermi così. C'è un vento feroce. Domani mattina, se si calma, vado al lago a pescare. A proposito, dobbiamo esaminare il giardino e quel punto dove – ricordate? – recitavano la vostra pièce. Ho un motivo maturo, devo solo rinnovare nella memoria il luogo dell'azione.

MAŠA. (*Al padre.*) Papà, permetti a mio marito di prendere il cavallo. Ha bisogno di andare a casa.

ŠAMRÀEV. (*La prende in giro.*) Il cavallo... a casa... (*Severo.*) L'hai visto anche tu: li abbiamo appena mandati alla stazione. Non è il caso di farli correre di nuovo.

MAŠA. Ma ce ne sono altri, di cavalli... (*Vedendo che il padre tace, scaccia il pensiero con la mano.*) Avere a che fare con voi...

MEDVEDÉNKO. Io, Maša, vado a piedi. Davvero...

POLÌNA ANDRÉEVNA. (*Sospirando.*) A piedi, con un tempo del genere... (*Si siede al tavolo da gioco.*) Prego, signori.

MEDVEDÉNKO. Ma sono solo sei verste... Ciao... (*Bacia la mano alla moglie.*) Arrivederci, mammina.

La suocera controvoglia gli porge la mano per il bacio.

Io non disturberei nessuno, ma il bambinetto... (*Si inchina a tutti.*) Arrivederci... (*Se ne va; andatura colpevole.*)

ŠAMRÀEV. Mi sa che arriverà. Non è un generale.

POLÌNA ANDRÉEVNA. (*Dà un colpo sul tavolo.*) Prego, signori. Non perdiamo tempo, presto ci chiameranno per la cena.

Šamràev, Maša e Dorn si siedono al tavolo.

ARKÀDINA. (*A Trigórin.*) Quando arrivano le lunghe serate autunnali, qui si gioca a tombola. Guardate un po': il vecchio mazzo di cartelle col quale giocava ancora con noi la povera madre, quando eravamo bambini. Non volete prima di cena fare una partita con noi? (*Si siede con Trigórin al tavolo.*) Il gioco è noioso, ma se ci si abitua, non fa niente. (*Distribuisce tre cartelle a testa.*)

TREPLËV. (*Sfogliando una rivista.*) Ha letto la sua storia, ma la mia non l'ha nemmeno ritagliata. (*Appoggia la rivista sulla scrivania, poi va verso la porta di sinistra; passando accanto a sua madre, la bacia in testa.*)

ARKÀDINA. E tu, Kostâ?

TREPLËV. Scusa, non ne ho voglia... Faccio due passi. (*Se ne va.*)

ARKÀDINA. La posta è un centesimo. Mettetene uno per me, dottore.

DORN. Obbedisco.

MAŠA. Avete messo tutti la posta? Comincio... Ventidue!

ARKÀDINA. Ce l'ho.

MAŠA. Tre!..

DORN. Eccolo.

MAŠA. Avete messo sul tre? Otto! Ottantuno! Dieci!

ŠAMRÀEV. Non correre.

ARKÀDINA. Come mi hanno accolta a Har'kov, santi numi, la testa mi gira ancora!

MAŠA. Trentaquattro!

Dietro le quinte suonano un valzer melanconico.

ARKÀDINA. Gli studenti hanno organizzato un'ovazione... Tre cesti, due ghirlande, e questa... (*Si toglie la spilla dal petto e la getta sul tavolo.*)

ŠAMRÀEV. Sì, non c'è che dire...

MAŠA. Cinquanta!..

DORN. Cinquanta tondo?

ARKÀDINA. Avevo una toilette stupefacente... Sarà, ma con i vestiti ci so fare.

POLÌNA ANDRÉEVNA. Kostâ gioca. È angosciato, povero.

ŠAMRÀEV. Sui giornali lo insultano parecchio.

MAŠA. Settantasette!

ARKÀDINA. Hai voglia stare a sentire.

TRIGÓRIN. Non ce la fa. Non riesce ancora a trovare il suo tono autentico. C'è qualcosa di strano, indefinito, a volte perfino simile al delirio. Nemmeno un personaggio vivo.

MAŠA. Undici!

ARKÀDINA. (*Voltandosi verso Sórin.*) Petrùša, ti annoi?

Pausa.

Dorme.

DORN. Il consigliere di Stato effettivo dorme.

MAŠA. Sette! Novanta!

TRIGÓRIN. Se vivessi in una tenuta del genere, in riva al lago, mi metterei forse a scrivere? Combatterei questa mia passione e non farei altro che pescare.

MAŠA. Ventotto!

TRIGÓRIN. Prendere un'acerina o un persico – è una tale benedizione!

DORN. Io invece credo in Konstantìn Gavrìlyč. Qualcosa c'è! Qualcosa c'è! Pensa per immagini, i suoi racconti sono colorati, vividi, e li sento molto. Peccato solo che non abbia compiti specifici. Produce un'impressione, e finita lì, ed è chiaro che un'impressione non ti porta lontano. Irina Nikolàevna, siete contenta di avere un figlio scrittore?

ARKÀDINA. Pensate che non l'ho ancora letto. Non ho mai tempo.

MAŠA. Ventisei!

Treplëv entra piano e va alla sua scrivania.

ŠAMRÀEV. (*A Trigórin.*) E a noi, Borìs Alekséevič, è rimasto il vostro oggetto.

TRIGÓRIN. Quale?

ŠAMRÀEV. Un giorno Konstantìn Gavrìlyč ha sparato a un gabbiano, e voi mi avete incaricato di farlo imbalsamare.

TRIGÓRIN. Non ricordo. (*Cercando di pensare.*) Non ricordo!

MAŠA. Sessantasei! Uno!

TREPLËV. (*Apre la finestra, ascolta.*) Che buio! Non capisco perché sono così preoccupato.

ARKÀDINA. Kóstâ, chiudi la finestra, c'è lo spiffero.

Treplëv chiude la finestra.

MAŠA. Ottantotto!

TRIGÓRIN. Tombola, signori!

ARKÀDINA. (*Allegra.*) Bravo! bravo!

ŠAMRÀEV. Bravo!

ARKÀDINA. A questo riesce sempre e ovunque tutto. (*Si alza.*) E adesso andiamo a mettere qualcosa sotto i denti. La nostra celebrità oggi non ha pranzato. Continueremo dopo cena. (*Al figlio.*) Kostâ, lascia i tuoi manoscritti, andiamo a mangiare.

TREPLËV. Non ne ho voglia, mamma, sono sazio.

ARKÀDINA. Come preferisci. (*Sveglia Sórin.*) Petruša, cena! (*Prende il braccio di Šamràev.*) Vi racconto come sono stato accolta a Har'kov...

Polina Andréevna spegne le candele sul tavolo, poi lei e Dorn spingono la poltrona. Tutti escono dalla porta sinistra; sulla scena rimane solo Treplëv alla scrivania.

TREPLËV. (*Si accinge a scrivere; rilegge quello che ha già scritto.*) Ho parlato tanto di forme nuove, e ora sento che anch'io a poco a poco scivolo nella routine. (*Legge.*) «Il cartello sul recinto diceva... Il pallido viso incorniciato da capelli scuri...» «Diceva», «incorniciato»... Roba mediocre. (*Cancella.*) Comincerò con il protagonista svegliato dal rumore della pioggia, e il resto via tutto. La descrizione della sera di luna è lunga e ricercata. Trigórin ha escogitato dei procedimenti artistici, per lui è facile... In lui sulla diga splende il collo della bottiglia rotta e l'ombra della ruota del mulino si staglia nera — ed ecco pronta la notte di luna, io invece ho la luce tremante, e il tranquillo scintillio delle stelle, e i suoni lontani del pianoforte a coda che svaniscono nell'aria tranquilla, profumata... È un tormento.

Pausa.

Sì, sono sempre più convinto che il punto non è nelle forme vecchie e in quelle nuove, ma nel fatto che una persona scrive senza pensare a nessuna forma, scrive perché gli sgorga liberamente dall'anima.

Qualcuno bussa alla finestra più vicina alla scrivania.

Che cos'è? (*Guarda dalla finestra.*) Non si vede niente... (*Apre la porta a vetri e guarda in giardino.*) Qualcuno è corso giù per le scale. (*Chiama.*) Chi c'è?

Se ne va; lo si sente camminare veloce lungo il terrazzo; mezzo minuto dopo torna con Nina Zaréčnaâ.

Nina! Nina!

Nina gli mette una mano sul petto e singhiozza trattenendosi.

(*Commosso.*) Nina! Nina! Siete voi... voi... Avevo come un presentimento, è tutto il giorno che la mia anima si tormentava in modo terribile. (*Le toglie il cappello e lo scialle.*) Oh, la mia cara, la mia amata, è venuta! Non piangeremo, non lo faremo.

NINA. C'è qualcuno.

TREPLËV. Nessuno.

NINA. Chiudete la porta, se no entrano.

TREPLËV. Non entra nessuno.

NINA. Lo so che Irìna Nikolàevna è qui.

Chiudete le porte...

TREPLËV. (*Chiude la porta destra a chiave, si avvicina alla sinistra.*) Qui non c'è serratura. Ci appoggio una poltrona. (*Mette la poltrona contro la porta.*) Non temete, non entra nessuno.

NINA. (*Lo guarda fissa in faccia.*) Lasciate che vi guardi. (*Guardandosi intorno.*) C'è caldo, si sta bene... Qui allora c'era il salotto. Sono cambiata tanto?

TREPLËV. Sì... Siete dimagrita, e i vostri occhi sono diventati più grandi. Nina, in un certo senso è strano che vi veda. Perché non mi avete fatto entrare? Perché non eravate ancora venuta? So che vivete qui da quasi una settimana... Ogni giorno sono venuto da voi più di una volta, stavo sotto la vostra finestra come un mendicante.

NINA. Avevo paura che mi odiaste. Sogno sempre ogni notte che mi guardate e non mi riconoscete. Se solo sapeste! Fin da quando sono arrivata ho continuato a camminare qui... vicino al lago. Sono stata molte volte vicino a casa vostra e non mi decidevo a entrare. Sediamoci.

Si siedono.

Sediamoci e parliamo, parliamo. Si sta bene qui, è caldo, accogliente... Sentite il vento? In Turgénev c'è un passo: «Sta bene chi in notti del genere se ne sta sotto il tetto di casa, chi ha un angolo caldo». Io sono un gabbiano... No, non è quello. (*Si strofina la fronte*.) Di cosa stavo parlando? Sì... Turgénev... «E aiuti il Signore tutti i vagabondi senza un rifugio»... Niente. (*Singhiozza.*)

TREPLËV. Nina, voi di nuovo... Nina!

NINA. Niente, mi fa stare meglio... Non piangevo da due anni. Ieri sera tardi sono andata a vedere se il nostro teatro era intatto in giardino. Ed è ancora in piedi. Ho pianto per la prima volta dopo due anni, e mi sono sentita sollevata, è diventato più chiaro nella mia anima. Vedete, non piango più. (*Lo prende per mano.*) Quindi siete già diventato uno scrittore... Voi scrittore, io attrice... Io e voi siamo entrati anche nel circolo... Ho vissuto con gioia, come un bambino – ti svegli la mattina e canti; vi amavo, sognavo la fama, e ora? Domani mattina presto andate a Eléc in terza classe... con i mužikì, e a Eléc mercanti colti mi infastidiranno con le loro cortesie. Vita dura!

TREPLËV. Come mai a Eléc?

NINA. Ho preso un ingaggio per tutto l'inverno. È ora che vada.

TREPLËV. Nina, vi ho maledetto, odiato, ho strappato le vostre lettere e le vostre fotografie, ma ogni minuto mi rendevo conto che la mia anima era attaccata a voi per sempre. Non ho la forza di smettere di amarvi, Nina. Da quando vi ho perso e ho iniziato a pubblicare, la vita mi è insopportabile – io soffro... La mia giovinezza d'un tratto si è come strappata via, e mi sembra di vivere nel mondo da novant'anni. Vi chiamo, bacio la terra su cui avete camminato; dovunque guardi, dappertutto mi si presenta il vostro viso, questo sorriso tenero che mi ha illuminato negli anni migliori della mia vita...

NINA. (*Sconcertata.*) Perché parla così, perché parla così?

TREPLËV. Sono solo, non scaldato dall'affetto di nessuno, ho freddo come in un sotterraneo, e, qualunque cosa scriva, è tutto secco, sterile, cupo. Restate qui, Nina, vi supplico, o lasciatemi venire con voi!

Nina indossa in fretta il cappello e lo scialle.

Nina, perché? In nome di Dio, Nina... (*La guarda vestirsi.*)

Pausa.

NINA. Ho i cavalli vicino al cancello. Non accompagnatemi, vado da sola... (*Tra le lacrime.*) Datemi dell'acqua...

TREPLËV. (*Le dà da bere.*) Dove andate ora?

NINA. In città.

Pausa.

Irina Nikolàevna è qui?

TREPLËV. Sì... Giovedì lo zio non si è sentito bene, le abbiamo telegrafato che venisse.

NINA. Perché dite di aver baciato la terra su cui camminavo? Bisogna ammazzarmi.

(*Si china sul tavolo.*) Sono così sfinita! Riposarmi dovrei... riposarmi! (*Alza la testa.*) Sono un gabbiano... Non è quello. Sono un'attrice. Beh sì! (*Sentendo le risate di Arkàdina e Trigórin, si mette in ascolto, poi corre alla porta sinistra e guarda dal buco della serratura.*) Anche lui è qui... (*Ritornando a Treplëv.*) Ebbene, sì... Niente... Sì. Lui non credeva al teatro, rideva sempre dei miei sogni, e a poco a poco anche io ho smesso di crederci e mi sono persa d'animo... E poi le preoccupazioni dell'amore, la gelosia, la paura costante per il piccolo... Sono diventata meschina, insignificante, recitavo senza senso... Non sapevo cosa fare con le mani, non sapevo stare in scena, non controllavo la voce. Non capite questo stato d'animo in cui ti rendi conto di recitare in modo orribile. Io sono un gabbiano. No, non è quello... Ricordate, avete sparato a un gabbiano? Per caso un uomo è venuto, mi ha visto e, non sapecondo cosa fare, mi ha rovinato... L'intreccio per un breve racconto... Non è quello... (*Si strofina la fronte.*) Di cosa sto parlando?.. Sto parlando del teatro. Ora non sono più così... Sono ormai una vera attrice, recito con piacere, con entusiasmo, sul palcoscenico mi ubriaco e mi sento bella. E ora, mentre vivo qui, vado sempre a piedi, cammino sempre e penso, penso e sento che le mie forze spirituali crescono ogni giorno... Ora so, capisco, Kostâ, che quello che facciamo non importa – se recitiamo sul palco o scriviamo – la cosa principale non è la gloria, non è brillare, non è quello che sognavo, ma la capacità di sopportare. Impara a portare la tua croce e credi. Io credo e non mi fa molto male, e quando penso alla mia vocazione, non ho paura della vita.

TREPLËV. (*Triste.*) Avete trovato la vostra strada, sapete dove state andando, mentre io continuo a essere nel caos dei sogni e delle immagini, senza sapere per cosa e a chi può servire. Io non credo, e non so quale sia la mia vocazione.

NINA. (*Mettendosi ad ascoltare.*) Shh... Ora vado. Addio. Quando sarò una grande attrice, venite a guardarmi. Me lo promettete? E ora... (*Gli stringe la mano.*) Si sta facendo tardi. Riesco a malapena a stare in piedi... sono esausta, ho bisogno di mangiare...

TREPLËV. Restate, vi do da cenare...

NINA. No, no... Non accompagnatemi, vado da sola... I miei cavalli sono vicini... Quindi lei se l'è portato dietro? Massì, non importa. Quando vedete Trigórin, non ditegli niente... Lo amo. Lo amo ancora più forte di prima... L'intreccio per un breve racconto... Lo amo, lo amo appassionatamente, lo amo fino alla disperazione. Era bello prima, Kostâ!

Ricordate? Che vita limpida, calda, gioiosa, pura, che sentimenti – sentimenti che sembrano fiori delicati, aggraziati... Ricordate? (*Recita.*) «Uomini, leoni, aquile e pernici, cervi cornuti, oche, ragni, pesci silenziosi che abitavano le acque, stelle marine, e tutti quegli esseri invisibili a occhio nudo, – insomma tutte le vite, tutte le vite, tutte le vite, compiuto il triste ciclo, si sono estinti... È ormai da migliaia di secoli che sulla terra non c'è anima viva e che questa povera luna accende invano il suo lume. Sui prati non si risvegliano più le gru col loro gracchiare, e nei boschi di tigli non si sente più il ronzìo dei maggiolini...» (*Abbraccia Treplëv impetuosamente e corre fuori dalla porta a vetri.*)

TREPLËV. (*Dopo una pausa.*) Non è una buona cosa se qualcuno la incontra in giardino e poi lo dice alla mamma. La mamma può rimanerci male...

Per due minuti in silenzio strappa tutti i propri manoscritti e li butta sotto il tavolo, poi apre la porta destra e se ne va.

DORN. (*Sforzandosi di aprire la porta sinistra.*) Strano. La porta è come chiusa... (Entra e mette a posto la poltrona.) Corsa a ostacoli.

Entrano Arkàdina, Polìna Andréevna, dietro Âkov con le bottiglie e Maša, poi Šamràev e Trigórin.

ARKÀDINA. Il vino rosso e la birra per

Borìs Alekséevič metteteli qui, sul tavolo. Giocheremo e berremo. Sedetevi, signori.

POLÌNA ANDRÉEVNA. (*A Âkov.*) Servi subito anche il tè. (*Accende le candele, si siede al tavolo da gioco.*)

ŠAMRÀEV. (*Conduce Trigórin verso l'armadio.*) Ecco la cosa di cui vi parlavo prima... (*Prende dall'armadio il gabbiano imbalsamato.*) Il vostro ordine.

TRIGÓRIN. (*Guardando il gabbiano.*) Non ricordo! (*Ci pensa un po'.*) Non ricordo!

A destra fuori scena uno sparo; tutti sussultano.

ARKÀDINA. (*Spaventata.*) Cos'è stato?

DORN. Nulla. Dev'essere, nella mia farmacia ambulante, qualcosa che è scoppiato. Non preoccupatevi. (*Se ne va nella porta destra, torna dopo mezzo minuto.*) Infatti. È scoppiata una provetta di etere. (*Intona.*) «Di nuovo innanzi a te sono incantato...»

ARKÀDINA. (*Sedendosi al tavolo.*) Ffffff, mi sono spaventata. Mi ha ricordato quando... (*Si copre la faccia con le mani.*) Mi si è persino oscurata la vista...

DORN. (*Sfogliando una rivista, a Trigórin.*) Qui, un paio di mesi fa, è stato pubblicato un articolo... una lettera dall'America, e volevo chiedervi, tra l'altro... (*Prende Trigórin per la vita e lo conduce alla rampa*) visto che sono molto interessato a questo problema... (*In tono più basso, sottovoce.*) Portate via da qui Irìna Nikolàevna. Il fatto è che Konstantìn Gavrìlovič si è sparato...

Sipario.

Dello stesso editore

Bruno Osimo Per tenerti la mano tra coyote e cinghiale
Bruno Osimo Sguardi rubati ; Gianpaolo Tescari
Bruno Osimo Bolle d'accompagnazione
Bruno Osimo Proposta sibillina
Bruno Osimo Ce l'hai scarico da un pezzo
Bruno Osimo Sei un vaso di fiori di campo
Bruno Osimo La scoiattola d'autunno

Semiotica

Bruno Osimo Semiotica semplice
Bruno Osimo Semiotics for Beginners
Bruno Osimo Semiotica per principianti
Lev Vygótskij, Pensiero e parola
Charles Sanders Peirce Filosofia della mente
Jurij Lotman Il testo nel testo
Jurij Lotman Le tre funzioni del testo
Jurij Lotman Autocomunicazione: «Io» e «Un altro» come destinatari
Jurij Lotman Le mie memorie 1922-1940
Jurij Lotman La semiosfera: culture
Jurij Lotman La cultura e l'intelligentnost'
Jurij Lotman Il ruolo dell'arte nella cultura
Jurij Lotman Asimmetria e dialogo
Jurij Lotman Il modello della struttura bilingue
Peeter Torop La semiotica della cultura. Introduzione alla scuola di Tartu fondata da Lotman.
Peeter Torop Biografia privata di Lotman attraverso gli autoritratti. Il discorso interno di uno studioso
Peeter Torop La transmedialità dell'autocomunicazione della cultura
Peeter Torop Sugli inizi della semiotica della cultura alla luce delle tesi della scuola di Tartu-Mosca

Opere di Gógol'

La lettera scomparsa
Notte di maggio ovvero L'annegata
La sera della vigilia di Ivàn Kupàla
La fiera di Soróčinci
Memorie di un pazzo

L'arresto. Vivere e morire ai tempi dei gulag
L'istruttoria. Torture, false confessioni, gulag
Storia delle fogne russe. Ondate di deportazione in gulag
La donna in lager. Vita quotidiana nei gulag

Opere di Čechov

Dùšečka
Zio Vanja
Tre sorelle
Il gabbiano
Il giardino dei ciliegi (L'amareneto)
L'insegnante di lettere
Dama con cagnolino: racconto
Casa con mezzanino (racconto di un pittore)
Racconto della signora X
L'isola di Sachalìn
La dacia nuova
A proposito dell'amore
I mužikì
Alle feste di Natale
Per affari di servizio
Nel baratro
Tre anni
Il duello
Ionyč: racconto
L'arciereo: racconto
La sposa: racconto
Kaštanka: racconto
Ragazzi: racconto
Principessa: racconto

Opere di Tolstój

Imparare a scrivere dai bambini
Infanzia
Non uccidere nessuno
Non posso stare zitto Contro la pena di morte
Su ciò che viene chiamato «arte»
Il Vangelo spiegato ai bambini

Il parassitismo
Sonata «Kreutzer»
Il desiderio sessuale
Religione e morale
Perché la gente si droga?
Perché non mangio la carne

Opere di Dostoevskij

Notti bianche
Memorie dal sottosuolo
Il villaggio di Stepànčikovo e i suoi abitanti

Opere di Leskóv

L'ebreo in Russia
Il pellegrino incantato. Il mancino
L'angelo sigillato. L'ebreo in Russia

Opere di Bulgàkov

Comune operaia № 13
Il mago nero
Ho ucciso e altri racconti

Opere di Pùškin

Evgénij Onégin

Fiabe popolari

Sivko-burko
Fiaba su Ivàn-zarévič, sull'uccello-brace e sul lupo grigio
Vasilìsa la bellissima. La sorellina volpina. Ivàn Zarévič

Sulla traduzione

Peeter Torop Total Translation
Vlahov Florin The Translation of Realia
B., S.A. Osimo Cognitive distortion, translation distortion,
and poetic distortion as semiotic shifts

Bruno Osimo On Psychological Aspects of Translation
Bruno Osimo Literary translation and terminological precision: Chekhov and his short stories
Bruno Osimo Basic notions of Translation Theory
Bruno Osimo Translation Studies. Contributions from Eastern Europe
Bruno Osimo Handbook of Translation Studies
Bruno Osimo Juri Lotman's Translation Handbook
Bruno Osimo Dictionary of Translation Studies
Bruno Osimo History of Translation
Bruno Osimo Roman Jakobson's Translation Handbook
Bruno Osimo The Translation of Culture
Bruno Osimo Prototext-metatext translation shifts
Anton Popovič La scienza della traduzione
Peeter Torop La traduzione totale
Aleksandar Lûdskanov Un approccio semiotico alla traduzione
Vlahov Florin La traduzione dei realia
Revzin Rozencvejg Manuale di semiotica della traduzione
Jiří Levý La creatività linguistica e letteraria del traduttore
Jiří Levý Stile letterario e stile traduttivo. Come si forma il traduttese
Zuzana Jettmarová Teoria ceca della traduzione
B., S.A. Osimo Distorsione cognitiva, distorsione traduttiva e distorsione poetica come cambiamenti semiotici
Bruno Osimo Manuale del traduttore di Giacomo Leopardi
Bruno Osimo Peeter Torop per la scienza della traduzione
Bruno Osimo La traduzione totale. Spunti per lo sviluppo della scienza della traduzione
Bruno Osimo Teoria della mediazione linguistica
Bruno Osimo Traduzione come metafora, traduttore come antropologo
Bruno Osimo La memoria della cultura: traduzione e tradizione in Lotman
Bruno Osimo Traduzione e nuove tecnologie
Bruno Osimo Terminologia semiotica e scienza della traduzione
Bruno Osimo La lingua non salvata
Bruno Osimo Traduzione giuridica e scienza della traduzione
Bruno Osimo Traduzione della cultura

Bruno Osimo Traduzione letteraria e precisione terminologica
Bruno Osimo Traduzione e qualità
Bruno Osimo Traduzione: aspetti mentali
Bruno Osimo La traduzione totale di Peeter Torop

9 788883 146261